벤 호건 골프의 기본

전설의 골퍼가 남긴 위대한 레슨 5

개정증보판

BEN HOGAN'S FIVE LESSONS: The Modern Fundamentals of Golf:
The Definitive Edition by Ben Hogan

Copyright © 1957, 1985 by Ben Hogan
Revised edition copyright © 2024 by Hogan Royalty Partners, LP
All rights reserved.

This Korean edition was published by The Korea Economic Daily & Business Publications, Inc.
in 2025 arrangement with the original publisher, Avid Reader Press, an imprint of Simon & Schuster,
LLC through KCC(Korea Copyright Center Inc.), Seoul.

이 책은 ㈜한국저작권센터(KCC)를 통한 저작권자와의 독점계약으로 ㈜한경비피에서 출간되었습니다.
저작권법에 의해 한국 내에서 보호를 받는 저작물이므로 무단전재와 복제를 금합니다.

벤 호건 골프의 기본
전설의 골퍼가 남긴 위대한 레슨 5

개정증보판

벤 호건 · 허버트 워런 윈드 지음
앤서니 라비엘리 그림
김일민 옮김

한국경제신문

BEN HOGAN

FIVE LESSONS
THE MODERN FUNDAMENTALS
OF GOLF

KOREAN ENDORSEMENTS
국내 추천사

국내 추천사
Korean Endorsements

007

수많은 골프 레슨과 정보가 넘쳐나는 시대지만, 골프의 본질은 결국 '기본'에 있습니다. 《벤 호건 골프의 기본》은 골프계의 전설 벤 호건이 직접 남긴 스윙의 정석이자 골프 기본기의 결정판입니다.

저는 프로 골퍼로서 지금도 벤 호건의 스윙을 분석하고 되새기며 제 스윙을 점검하곤 합니다.

시간이 지나도 변하지 않는 '기본의 힘'을 이 책에서 꼭 느껴보시기 바랍니다.

_양용은, 2009년 PGA 챔피언십 챔피언, 아시아 선수 최초 메이저 대회 우승자

골프에 대한 정보가 넘치는 시대입니다. 그럴수록 기본기를 정확하게 이해해야 나에게 맞는 스윙을 만들 수 있습니다.

가끔 이론으로만 스윙을 설명하는 경우를 보면 '압박이 심한 상황에서도 과연 실행할 수 있을까?'라는 의문이 들지요. 그런 의미에서 수천만 개의 연습 공을 치고, 실전에서도 성과를 이룬 벤 호건의 가르침은 가장 정확한 기본기라 할 수 있습니다. 이 책을 통해 더 많은 분이 스윙에 대한 철학과 확신을 갖고, 골프

를 더욱 즐길 수 있게 되면 좋겠습니다.

_유소연, 전 여자 골프 세계랭킹 1위, 한·미·일 투어 통산 18승 보유자

투어 프로인 저에게도 골프에서 가장 중요한 것은 기본입니다. 다양하고 독특한 교습법이 늘어나고 있지만, 이 책에 담긴 가르침들은 제게 골프의 기본을 다시 일깨워줍니다. 아마추어 골퍼들이 이 책을 통해 기본에 충실하고 올바른 방향으로 골프를 접할 수 있기를 바랍니다.

_박현경, KLPGA 투어 프로, BC카드·한경 레이디스컵 2024 챔피언

골프의 기초를 가장 탄탄하게 배울 수 있는 말 그대로 골프의 바이블입니다. 벤 호건이라는 이름이 왜 골프 역사에 길이 남았는지 이 책을 통해 분명히 알게 될 것입니다.

_에이미 조, LPGA Class A 티칭 프로

벤 호건의 스윙은 현대 스윙의 기본기가 되었습니다. 많은 프로 골퍼가 이 책으로 연습했으리라 생각합니다. 가장 근본에 가까운 스윙을 이해하기 쉽게 설명해주기에 기본기를 제대로 배우고자 하는 아마추어 골퍼들에게도 강력히 추천합니다.

_이시우, 빅피쉬골프아카데미 원장

추천사
Foreword

미국은 골프를 더 잘 치고 싶다는 열망으로 가득 차 있다. 과연 골프를 치는 이들 중에서 "나는 이미 충분히 잘 치니 스코어를 줄이기 위해 더 이상 노력할 필요는 없어"라고 말하는 사람이 있을까? 물론 다음과 같이 말하며 평범한 점수에 만족한 척하는 사람은 있을 수 있다. "나 이번에 90대 쳤는데 너무 재밌었어. 그 정도면 충분하지, 뭐."

하지만 이 사람은 거짓말을 하고 있으며, 본인도 그 사실을 알고 있다. 그는 간절히 80대에 진입하고 싶고, 이를 달성하면 또다시 간절하게 70대에 들어가고 싶어질 것이다. 그렇게 막상 70대 후반에 진입하면 이제는 새로운 꿈이 생긴다. 이븐파 또는 언더파!

불과 며칠 전에 나는 유명 프로 골퍼와 골프를 쳤다. 그는 오랜 경력을 보유한 대가로서 평소에는 차분하고 평온하게 경기를 운영하는 선수였다. 마침 그는 새로 산 우드를 처음으로 쳐보았는데, 평소와 달리 뛸 듯이 기뻐하는 모습이 영락없는 어린아이 같았다. 그의 열정이 내게도 따뜻하게 전해지는 것을 느끼며 스스로에게 물었다. '도대체 왜 저렇게까지 기뻐하는 걸까?' 하지만 이내 답

전설의 골퍼가 남긴 위대한 레슨 5
벤 호건 골프의 기본

을 내릴 수 있었다. 바로 새 우드가 그의 스코어를 줄여줄 것이니까!

골프를 연애에 비유해보자. 골퍼는 한순간에 타오르는 열정적인 사랑보다 오랜 시간을 들여서 쌓아가는 사랑을 믿는다. 그는 한없이 매혹적이면서도 동시에 변덕스러운 여인에게 마음을 빼앗겼고, 그녀를 완전히 사로잡고 싶어 한다. 그녀는 가끔 작은 호의를 베풀며 기대감을 심어주는데, 그는 그런 순간마다 그녀를 정복할 수 있으리라는 희망에 가슴이 뛴다. 하지만 그녀는 이내 차가운 태도로 돌아서며 그를 무심히 밀어낸다. 그것도 친구들 앞에서 말이다. 그는 절망에 빠지고, 때로는 그 감정을 분노로 감추려 한다. 화가 난 그는 클럽을 워터 해저드에 내던지고 새로 산 골프공 한 더즌도 캐디에게 줘버린다. 그러고는 단호하게 선언한다. "이젠 끝이야." 하지만 과연 그럴까?

물론, 그는 다시 돌아온다. 그리고 기적 같은 순간이 찾아온다. 좀처럼 감을 잡지 못하던 그가 마침내 모든 것이 완벽하게 맞아떨어지는 황홀한 경험을 하게 되는 것이다. 그는 워터 해저드에 던졌던 클럽을 다시 주워 들고, 캐디에게 공을 새로 주문한다. 그리고 한 줄의 노래 가사처럼 "이제야 모든 비밀을 알게 되었어"라고 읊조린다.

골프라는 매혹적인 여인은 다시 한번 그를 사로잡는다. 이제 그는 거만해지고 자신감으로 가득 찬다. 모든 것이 선명하게 보인다. 그는 티샷에서는 마치 킬러처럼 위협적이고, 어프로치 샷에서는 한 방에 상대를 끝내버릴 듯이 치명적이며, 퍼팅에서는 전설적인 당구 선수 윌리 홉처럼 정확하게 샷을 친다. 황홀한 성취감 속에서 동반자들을 비롯한 모든 사람을 사랑하게 된다. 그리고 자신이 깨달은 비밀을 세상과 나누고 싶어진다. 그는 동반자들에게 아낌없이 조언을 건네며 후한 인심까지 발휘한다. 반면에 주변 사람들은 그의 오지랖에 슬슬 질려간다.

그러나 골프라는 마성의 존재는 결코 그를 그대로 내버려두지 않는다. 자신감이 최고조에 달하고 황홀경에 빠진 바로 그 순간, 그녀는 그를 가차 없이 시험에 들게 한다. 드라이버 샷은 심하게 슬라이스가 나고, 간신히 페어웨이에 안착하는 줄 알았던 공은 벙커에 빠져버린다. 결국 퍼팅을 네 번이나 하며 홀을 마무리한다. 그는 단숨에 본래 모습으로 돌아온다. 그리고 다시금 겸손을 배운다.

겸손, 이것이야말로 마법의 단어다. 골프만큼 겸손한 태도를 요구하는 스포츠는 없다. 어쩌면 이 때문에 골프는 인간이 창조한 최고의 게임일지도 모른다. 당신이 챔피언이든, 일류 프로 골퍼든, 미국의 대통령이든 상관없이 과연 감히 "나는 비법을 깨우쳤고, 마성의 그녀를 정복했다"라고 말할 만큼의 경지에 도달한 사람이 있을까? 이 글을 쓰는 지금, 내 앞에는 AP통신에 실린 벤 호건의 기사가 놓여 있다. 그는 한 골프 토너먼트를 앞두고 "제 컨디션으로 돌아오고자 애쓰고 있습니다. 그동안 충분히 경기를 치르지 못했어요. 예전처럼 공은 잘 치지만, 점수를 내는 감각을 잃어버린 것 같아요"라고 겸손하게 인터뷰했다. 벤 호건조차도 겸손하지 않은가!

하지만 벤 호건만큼 골프의 본질과 비법을 진정으로 깨우친 사람은 없다. 벤 호건은 자신의 삶을 골프에 바쳤다. 그만큼 골프를 연구한 사람은 없었고, 그는 이 지식을 공유할 방법을 찾아냈다. 물론 AP통신이 보도한 것처럼 이것이 벤이 끊임없는 연습에서 자유로워진다는 뜻은 절대 아니다. 바이올린의 거장이라 불리는 하이페츠조차 공연이 없을 때는 꾸준히 연습을 거듭했다.

우리는 영광스럽게도 이 거장의 핵심적인 지혜를 널리 알릴 기회를 얻었다. 미국 최고의 골프 작가인 허버트 워런 윈드와 협업하고, 골프 동작을 생생한 교육용 삽화로 변환하는 데 탁월한 재능을 가진 앤서니 라비엘리의 도움을 받았다.

호건, 윈드, 라비엘리는 한 팀으로 골프 지도서의 고전이라 일컬을 만한 작품을 탄생시켰다. 이 책의 내용을 따라서 실천하면 누구나 골프 실력을 향상시킬 수 있다. 이는 비단 나만의 의견이 아니다. 〈스포츠일러스트레이티드〉에 연재하는 동안 수천 명의 독자가 이 책의 내용과 삽화를 연구한 뒤 만족과 행복의 후기를 보내왔기 때문이다. 호건, 윈드, 라비엘리의 처방은 확실히 효과가 있다. 겸손과 희망의 마음을 품은 나에게까지도!

〈스포츠일러스트레이티드〉 편집장

시드니 L. 제임스

INTRODUCTION
여는 글

013

여는 글
Introduction

잭 니클라우스가 본인이 본 골퍼 중에서 가장 공을 잘 치는 사람으로 줄곧 벤 호건 선생님(이하 벤 호건)과 나를 나란히 꼽았다는 사실은 내 커리어에서 가장 영광스러운 일 중 하나다. 감히 이만한 과찬이 있을까도 싶은 것이, 벤 호건은 먼 발치에서뿐만 아니라 내면적으로도 내게 깊은 영향을 미쳐 내 커리어에 결정적인 변화를 가져다준 사람이기 때문이다.

내가 골프라는 분야에서 과연 나의 재능과 투지로 얼마나 성공할 수 있을지 의구심을 지닌 채 방황하던 10대 시절, 나는 벤 호건과 처음으로 인연을 맺었다. 당시 나는 매우 운 좋게도 여러분이 지금부터 읽게 될(또는 반복해서 읽고 있는) 이 책의 바탕이 된 잡지 기사를 우연히 접했다.

그전까지만 해도 나는 운 좋게 우연히 골프를 접한 아이에 불과했다. 당시 수도와 전기도 없는 방 네 칸짜리 판잣집에서 엄마, 할아버지, 삼촌 그리고 두 자매와 함께 살았는데, 마침 이 집이 댈러스 애슬레틱 클럽의 7번 홀 페어웨이에서 웨지 샷 정도면 닿을 거리였던 것이다. 나는 집의 생계에 조금이라도 보탬이 되고자 8살 때부터 캐디 일을 시작했고, 캐디 대기 구역 뒤편에 만든 임시 홀에

014

서 다른 캐디들과 5센트, 10센트를 걸고 내기 게임을 겨루면서 골프를 배웠다. 우리는 하나의 클럽을 돌려가며 사용했다. 나는 작은 공을 정확하게 맞히는 데 타고난 재능이 있었는데, 특히 몇 킬로미터 떨어진 하디의 드라이빙레인지에서 힘껏 공을 치는 일은 유년기의 큰 즐거움 중 하나였다. 그러나 10대가 훌쩍 지나도록 내 골프 실력은 여전히 다듬어지지 않은 상태였다.

내가 처음으로 18홀을 완주한 순간은 생애 처음이자 마지막으로 출전한 주니어 토너먼트로서 〈댈러스타임스헤럴드〉에서 후원한 대회였다. 나는 지방자치단체에서 운영하는 공공 골프장에서 77타를 쳐 매치플레이에 진출했지만, 2라운드에서 프랭키 갤러웨이라는 콧수염이 덥수룩한 아이에게 참패했다.

골프는 재미있었지만, 어린 시절의 내 삶에는 뚜렷한 방향성이 없었다. 중학교 1학년을 마친 뒤로는 더 이상 학교에 나가지 않았고, 약 1년 후에는 하디의 드라이빙레인지에서 하던 일도 그만두었다. 시급 1달러 정도를 받았고 연습 삼아 마음껏 공도 칠 수 있었지만, 당시 한창 빠져 있던 밤 문화에 쏟을 시간도 부족했다.

나는 길을 잃고 방황하며 점차 문제를 일으키기 시작했다. 그러다 1956년 12월, 17살이 되자마자 해병대에 입대했다. 바로 내 인생의 전환점이 된 순간이다.

펜들턴 기지에서 13주간의 신병 훈련이 끝났을 때쯤 골프는 이미 내 마음속에서 저 멀리 사라진 뒤였다. 그러나 샌디에이고에서 요코하마로 향하는 22일간의 긴 항해 동안 우연히 함선 도서관을 헤매다가 한 골퍼가 표지를 장식한 〈스포츠일러스트레이티드〉 잡지를 꺼내 들었다. 1957년 3월 11일 자로, 벤 호건이 집필한 5부작 연재 기사인 〈골프의 기본(The Modern Fundamentals of Golf)〉의 첫 번째 글이 실려 있었다.

벤 호건의 명성과 그가 가까운 포트워스에 살고 있다는 사실에도 불구하고 나는 그에 대해 아는 것이 거의 없었다. 당시 신병 훈련을 통해 처음으로 조직과 규율이라는 가치를 배운 시점에 벤 호건의 기사 몇 장을 읽고 나니, 그의 골프관이 내가 군대에서 배운 가치와 일맥상통한다는 사실을 깨달았다. 그와 동시에 내 마음속에서 골프에 대한 열정이 다시 꿈틀대기 시작했다.

그 항해 내내 나는 5부작 연재 기사를 모두 읽었다. 비록 벤 호건과 허버트 워런 윈드의 메시지를 완벽히 이해하지 못했을지도 모르지만, 내 골프 지식은 한층 더 깊어졌다. 특히 앤서니 라비엘리의 삽화도 매우 인상적이어서 지금도 눈을 감으면 그 그림들이 머릿속에 생생하게 떠오른다.

해병대에서 복무한 4년은 내 골프 인생에서 가장 중요한 시기였는지도 모른다. 일본 오키나와에 배치되었을 때, 나는 다시 한번 운 좋게도 특별 임무를 부여받아 장교들과 수도 없이 골프를 쳤고, 해병대 골프팀에도 들어가게 되었다. 거의 매주 경기를 치른 적은 이때가 처음이었기에 실력이 급속도로 향상되었으며, 우리 팀은 군 대항 대회 우승을 휩쓸고 나 또한 첫 번째 개인 우승을 차지했다.

1960년 제대 후 댈러스로 돌아왔을 때 나는 골프를 훨씬 더 진지하게 받아들이게 되었다. 어린 시절 나의 스윙을 보고 한눈에 내 재능을 믿어준 하디 그린우드는 내가 다시 자신의 드라이빙레인지에서 일할 수 있도록 해줬고, 매일 아침 테니슨 파크에서 실력자들과 내기 골프를 치는 일은 곧 일과로 자리 잡았다. 혹시라도 혼자 필드에 나갈 때는 공을 2개 가지고 나가서 하나는 벤 호건이 친다고 상상하며 번갈아 가며 공을 쳤다. 점심 식사 이후에는 다시 드라이빙레인지에서 자정 마감 시간까지 일했고, 가끔은 불이 꺼진 어둠 속에서 피치 앤 퍼트(짧은 거리의 코스에서 피칭웨지와 퍼터만을 사용하여 경기하는 골프의 한 형태 - 옮긴이) 게임을 즐기곤 했다.

1962년 어느 날 하디가 나를 셰이디 오크스에 데려가 함께 골프를 친 날이 아직도 내 기억에 남아 있다. 벤 호건은 우리와 약 50야드 떨어진 연습 타석에서 홀로 공을 치고 있었다. 그의 캐디 또한 멀찍이서 그를 바라보고 있었다. 나는 감히 가까이 다가갈 엄두도 내지 못했지만, 멀리서 그의 모든 동작을 유심히 관찰했다. 벤 호건의 샷은 너무나 정교하고 일정하게 한 곳으로 떨어졌기에 캐디는 거의 움직일 필요도 없이 제자리에서 공을 주웠다. 그때 나는 확실히 깨달았다. 벤 호건은 하체로 샷을 컨트롤하고 있었다. 더 강력하게 다리와 엉덩이로 리드할수록, 공은 왼쪽에서 오른쪽으로 휘는 페이드 샷이 되었다. 당시 나는 주로 드로우 샷을 구사했는데 긴장이 심하면 종종 훅이 나곤 했다. 그러나 벤 호건이 그리는 궤도를 본 순간 안정적인 페이드 샷이야말로 내게 큰 도움이 되리라는 사실을 깨달았다.

이후 하디의 드라이빙레인지로 돌아온 나는 골퍼들이 흔히 말하듯 수없이 잔디를 파가며 스윙 연습을 했다. 심지어는 근무시간에도 프로샵에서 10미터 이내의 잔디에 자리 잡고 수백 개의 공을 쳤다. 급히 울리는 전화나 계산대 업무는 빠르게 처리해야 했기 때문이다.

페이드 구질에 대한 감을 잡게 되면서 나는 하체를 더욱 적극적으로 사용하게 되었다. 특히 건장한 나의 체격과 안정적인 자세가 도움이 되었다. 그리고 라비엘리의 삽화를 통해 벤 호건처럼 그립을 훨씬 약하게 쥐는 것이 나처럼 세게 쥐는 것보다 공을 어느 방향으로든 휘어 치는 데 더 유리하다는 사실을 익힐 수 있었다. 벤 호건은 드로우 샷을 치고 싶을 때 오른손을 조금 더 풀어주면서 샷을 컨트롤했다. 그의 말처럼 완벽한 힘의 컨트롤을 위해서는 오른손이 3개라도 모자랄 것이다!

하지만 벤 호건처럼 그립을 쥘 때 힘을 풀면 너무 심한 훅이 나곤 했다. 그래서 나는 그립을 약하게 쥐는 대신 시행착오를 거쳐 지금 내가 하는 스윙을 만들어냈다. 기본적으로 나는 상당히 왼쪽을 에이밍한 뒤 목표 지점을 향해 인 아웃 궤도로 공을 밀어 친다. 이때 오른쪽 엉덩이가 손보다 먼저 공에 도달하도록 한다. 임팩트 순간에는 왼쪽 손목을 활용해 릴리스를 억제하고 클럽이 돌아가지 않도록 한다. 이 방법은 비거리와 탄도 손실이 약간 발생하지만, 벤 호건이 셰이

INTRODUCTION
여는 글

디 오크스에서 보여준 페이드 샷처럼 매우 정교하다.

이때부터 나의 골프 실력은 일취월장했다. 벤 호건이야말로 내가 발전할 수 있게 도와준 은인이다. 6년 뒤 나는 US오픈에서 우승했다. 그리고 나는 나의 첫 번째 골프 지도서인 《내 방식대로 너의 스윙을 다듬어라(Groove Your Swing My Way)》를 벤 호건에게 헌정했다.

전성기 시절에 나는 벤 호건과 친분을 쌓게 되었다. 그는 내가 공을 치는 모습을 수없이 지켜보며 칭찬과 격려를 아끼지 않았다. 나도 벤 호건처럼 매우 가난한 환경에서 자랐고 열심히 일했기에 그 사실을 아는 벤 호건과 서로 무언의 유대감을 형성했다. 때때로 포트워스의 웨스트 패포드 스트리트에 있는 그의 클럽 공장에 가서 인사를 나누고 클럽 수리를 맡기거나 새 아이언 세트를 구매하기도 했다. 내가 가장 좋아했던 모델은 1970년대 후반에 출시된 호건 메달리온으로, 클럽 페이스 뒷면의 토(toe) 부분에 벤 호건의 옆모습이 새겨진 청동 메달이 박힌 모델이다. 벤 호건은 내게 연락처를 알려주며 언제든지 셰이디 오크스에서 함께 골프를 쳐도 좋다고 했다. 나는 "선생님을 이길 수 있겠다는 생각이 들 때 연락드릴게요"라고 대답했다. 그는 웃어넘겼지만, 나는 한편으로 진심이었기에 결코 그에게 전화하지 않았다.

1970년, 나는 영광스럽게도 휴스턴 챔피언스 인비테이셔널 마지막 라운드에서 56세의 벤 호건과 겨룰 수 있었다. 우리는 모두 선두에게 4타 뒤진 상태에서 시작했는데, 그는 첫 7홀에서 4개의 버디를 잡으며 우승 경쟁에 뛰어들었다. 하지만 퍼팅이 그를 도와주지 않았다. 비록 우리는 공동 9위를 기록하며 경기를 마무리했지만, 전반 9홀에서 그의 활약은 마치 타임머신을 타고 전성기로 돌아간 듯했다.

콜로니얼 인비테이셔널의 비공식 호스트 역할을 했던 벤 호건은 이따금 카트를 타고 와서 내 경기를 관찰했다. "그냥 자네만의 방식대로 공을 치는 모습이

보고 싶어서 왔어"라는 말은 큰 격려가 되었다. 또한 신규 아이언 모델을 개발할 때는 클럽을 출시하기 전에 자신의 직원들에게 이렇게 말했다. "댈러스에 있는 멕시코 꼬마 녀석에게 이 클럽을 한번 쳐보라고 해봐. 걔가 제대로 된 클럽인지 판별해줄 거야." 나는 이 말이 전혀 불편하지 않았다.

벤 호건은 프로 골퍼로서 뒤늦은 나이에 어렵게 출발했지만, 각고의 노력 끝에 자신만의 스윙을 거의 스스로 완성했다. 그는 자신의 책에서 "연습이든 실전이든 상관없이, 결과가 아닌 원인을 들여다보는 습관을 기르도록 하자"라고 말한 바 있다. 이 같은 그의 철학은 8년 동안 메이저 대회를 아홉 차례나 석권하는 경이로운 대기록을 만들어냈다. 그 와중에 목숨을 잃을 뻔한 교통사고를 겪고도 말이다.

7년 동안 메이저 대회 5승을 거둔 내 기록이 비록 그의 업적과 같은 반열에 놓일 수는 없겠지만, 비슷한 길을 걸어왔다는 점에서 자부심을 느낀다. 나는 스스로를 정식으로 교육받지는 않았지만, 문제를 분석하고 원인을 찾아 해결할 줄 아는 기술자에 비유하곤 했다. 이 과정을 끝없이 반복하는 것만이 나만의 스윙을 완성하는 유일한 길이다.

나는 85세가 된 지금도 내 스윙을 완벽하게 완성하고자 노력하고 있다. 얼마 전에는 연습장에서 공을 제대로 맞히지 못해 애를 먹자, 아들 다니엘이 "혹시 공에서 너무 멀리 떨어져 있는 건 아니에요?"라고 물었다. 그 순간 라비엘리의 어드레스 자세 삽화를 떠올렸다. 오른쪽 팔꿈치가 오른쪽 골반뼈를 정확히 가리키고, 저절로 양팔이 몸에 밀착되는 자세였다. 이를 그대로 따라 하자 바로 효과가 나타났다. 어려움을 해결해준 벤 호건에게 이 지면을 빌어 다시금 감사드린다.

이제부터 펼쳐질 내용은 아마도 역사상 가장 정교한 선수가 남긴 정석 골프 레슨이다. 값을 매기기도 어려울 만큼 귀한 골프의 교과서라 할 수 있다. 심혈을

INTRODUCTION
여는 글

기울여 기획되었고, 세심하게 쓰인 책인 만큼 꼼꼼하게 읽기를 바란다. 모든 내용을 흡수해도 좋고 필요한 부분만 발췌해서 읽어도 좋다. 다만 기본 원칙은 완벽히 숙달하되, 벤 호건이 그랬듯이 스스로 깨우치는 과정도 남겨둬야 한다. 골프를 잘 치는 방법은 여러 가지가 있지만, 벤 호건만큼 정교하고 완벽한 샷을 구사한 사람은 없었다는 사실을 명심하길 바란다.

2024년 8월
리 트레비노

서문
Preface

5부작 연재 기사인 〈골프의 기본〉은 1957년 3월 11일 자 〈스포츠일러스트레이티드〉 잡지에 최초로 게재되었다. 이 프로젝트가 시작된 지 약 10개월 만의 일이다. 하지만 벤 호건이 그 10개월 동안 자신의 사업과 골프는 뒷전으로 미뤄둔 채 오롯이 집필 작업에만 몰두했다고 생각하면 큰 오산이다. 실제 과정은 이랬다. 우선 초기 단계에서는 벤 호건이 기사에 담을 내용을 직접 정리하고, 전반적인 구성 방식을 결정했다. 두 번째 단계로 벤 호건이 내용을 심사숙고하며 검토하는 동안 앤서니 라비엘리는 스케치 초안을 작업했고, 그동안 원고의 초안도 작성되었다. 그리고 마지막으로 본격적인 집필 과정을 약 4개월 동안 집중적으로 진행했다. 비교적 느긋했던 초기 단계와는 달리 라비엘리는 밤낮없이 훌륭한 삽화 작업에 매달렸고, 벤 호건 역시 자신의 일정을 계속 조정하면서 모든 삽화와 문구가 정확한지 특유의 꼼꼼함으로 일일이 검토했다. 내가 작업 과정을 이토록 상세히 이야기하는 이유는 인쇄 매체를 통해 무언가를 가르친다는 것이 결코 쉬운 일이 아니기 때문이다. 우리 모두가 동의하는 바이기도 하지만, 이 시리즈가 대성공을 거두어 결국 책으로 정식 출간된 것은 그만큼 충분한 시간을 쏟아서 제대로 작업했기 때문이다.

　물론 이 기사가 선풍적인 인기를 끈 근본적인 이유는 간단하다. 해마다 미국 내 골프 인구가 증가하고 그들의 열정 또한 뜨거워지는 상황에서, 골프 스윙이라는 인생의 달콤하면서도 쓰디쓴 수수께끼를 본격적으로 탐구할 적기가 무르익었기 때문이다. 게다가 그 연구를 당대 최고의 골프 선수인 벤 호건이 직접 수행했다면 더 말할 필요도 없다.

　벤 호건의 말처럼 《벤 호건 골프의 기본》은 그가 프로 선수로서 30년간 활동하면서 축적한 지식 중에서도 핵심만을 추려낸 것이다. 골프라는 스포츠는 누구에게나 끝없는 배움을 요구한다. 하지만 기나긴 골프의 역사 속에서 과연 벤 호건만큼 철저하게 골프를 연구한 선수가 있을까? 그는 끈질긴 노력과 빈틈없이 체계적인 연구 방법, 그리고 집요한 실험을 통해 골프를 심도 있게 이해했을 뿐만 아니라 최고의 경기력까지 이끌어냈다.

　벤 호건과 함께한 작업은 우리 모두에게 기쁘고 값진 경험이었다. 다만 유일하게 아쉬운 점이 있다면 나만큼 내 친구들의 골프 실력도 덩달아 좋아졌다는 점이다.

1957년 5월
허버트 워런 윈드

CONTENTS

007		국내 추천사
009		추천사
013		여는 글
020		서문
025		골프의 기본에 대하여

030	**LESSON 1** THE GRIP	
	그립	

049	**LESSON 2** STANCE AND POSTURE	
	스탠스와 자세	

073	**LESSON 3** THE FIRST PART OF THE SWING	
	스윙의 전반부	

096	**LESSON 4** THE SECOND PART OF THE SWING	
	스윙의 후반부	

121	**LESSON 5** SUMMARY AND REVIEW	
	요약과 복습	

140	**HISTORY, CONTEXT, AND LEGACY**	
	벤 호건의 발자취와 유산	

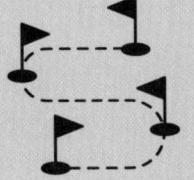

골프의 기본에 대하여
THE FUNDAMENTALS

25년 전, 나는 19살의 나이로 프로 골퍼가 되었다. 만약 오늘날의 '전자두뇌' 기계에 적당한 데이터만 넣어준다면 간단한 연산을 거친 뒤 내가 연습 페어웨이에서 샷을 얼마나 많이 연습했는지, 경기에 출전해서는 샷을 얼마나 많이 쳤는지, 또한 불필요한 쓰리 퍼트는 몇 번이나 했는지 등 다양한 기록을 알아서 계산해서 알려줄 것이다. 다른 프로 골퍼들과 마찬가지로 나 역시도 잘 친 샷보다는 안 좋았던 샷을 더욱 선명하게 기억하는 경향이 있다. 내가 의도한 대로 정확하게 나아가는 샷은 라운드에 한두 번 정도이고, 그 이상은 별로 없었을 것이다.

하지만 모든 정신력과 신체 능력을 골프에 쏟아부은 덕분에 나는 메이저 대회의 결정적인 순간마다 엄청난 샷을 선보일 수 있었다. 그중에서도 나는 물론이고 내 친구들도 유독 좋아하는 샷을 이야기해보고자 한다. 1950년 메리언에서 열린 US오픈에서 나는 공동 1위로 올라서기 위해 72번째 홀을 4타로 마무리해야 했다. 그리고 4타로 홀아웃을 하려면 200야드가 남은 지점에서 벙커로 둘러싸인 완만한 경사의 그린에 공을 교묘하게 안착시켜야 했다. 물론 골프에는 훨씬 쉬운 샷들도 있으니 걱정하지는 말자. 나는 2번 아이언을 들고 나섰

026

고, 내 생각으로는 마지막 라운드 최고의 샷을 만들어냈다. 어쩌면 토너먼트 동안 손에 꼽을 베스트 샷일지도 모른다. 공은 그린 중앙을 기준으로 약간 좌측을 향해 일직선으로 뻗어나가다 그대로 그린 앞의 엣지를 맞고 홀컵에서 약 1미터 떨어진 지점에 안착했다. 이 이상의 샷이 나올 수 있을까? 퍼팅 2개를 더해 4타로 홀을 마무리한 나는 우승자를 가리기 위한 플레이오프에 진출했고, 다행히 다음 날 최종 우승을 거머쥐었다.

이 사건을 다시 이야기하는 이유는 '영광스러운 그 순간'의 달콤함을 다시 추억하려는 의도가 아니다. 그보다는 관중이 이 샷을 바라보는 시각과 내가 이 샷을 비롯한 유사한 사건들을 생각하는 관점이 서로 상반된다고 느꼈기 때문이다. 중압감이 가득한 상황에서 나온 샷이라서 그런지는 몰라도, 사람들은 그 샷 자체를 미화하는 경향이 있다. 간절히 필요하던 순간에 나온 샷이었으므로 매우 특별할 뿐만 아니라 더 나아가서는 특별한 무엇에 영감을 받아 탄생한 샷이라 생각한다. 그러나 나는 절대 그렇게 생각하지 않는다. 메리언에서 그날 오후에 친 샷은 단순히 그날 우연히 나온 결과가 아니다. 12살 때부터 꾸준히 연습해온 샷이 바탕이 된 것이다. 결국 토너먼트 경기의 핵심은 압박감이 클수록 더 좋은 샷이 나오도록 얼마나 자신의 스윙을 잘 컨트롤할 수 있느냐다.

여러 중요한 측면에서 토너먼트 골프 경기와 일반 골프는 아이스하키와 테니스만큼이나 그 성격이 전혀 다르다. 하지만 어떤 면에서는 매우 닮았다. 프로 골퍼들은 명예와 행복, 수천 달러의 상금을 걸고 생계를 위해 투어 토너먼트에 출전하며, 일반 골퍼들은 명예와 행복, 1달러짜리 내기를 걸고 최고의 성적을 위해 주말 골프 경기에 나선다. 하지만 이들은 모두 올바르고 강력하며 일관된 스윙을 만들 수 있는 움직임을 체득하기를 희망한다. 한 가지 단언할 수 있는 사실은 일관된 스윙 없이는 절대로 훌륭한 플레이를 할 수 없다는 점이다.

그렇다면 온갖 종류의 바람과 날씨, 각종 부담과 압박감 속에서도 믿음직하

THE FUNDAMENTALS
골프의 기본에 대하여

고 일관된 스윙은 어떻게 만들 수 있을까? 눈을 뜬 순간에는(심지어는 잠을 잘 때도) 언제나 이에 대한 해답을 찾고자 25년간 노력한 결과, 내가 깨우친 지식이 모든 골퍼에게 엄청난 도움이 되리라고 확신한다. 바로 이 책을 집필한 이유이기도 하다. 이론에 대해 구구절절 이야기하고 싶지는 않다. 나는 수많은 시행착오를 통해 훌륭한 선수들이 하는 행동을 관찰했고, 나에게도 잘 맞을 만한 동작들을 찾아냈다. 그리고 몸소 그 동작들을 실험하며 내게 약이 되는지, 독이 되는지 판단했다. 도움이 된다면 그 동작을 채택하거나 가다듬었고, 해가 될 때는 과감히 버렸다. 때로는 그 동작이 불안정하다는 사실을 경기를 통해 알게 되어 폐기하기도 했다. 기존에 알던 지식과 새로운 발견, 거기에서 파생되는 갖가지 동작을 무수히 실험한 결과로 일련의 기본 원칙에 도달할 수 있었다. 이는 각종 압박감 속에서도 내 스윙을 지켜내고 유효한 결과를 만들어낸 믿을 수 있는 기본기가 되었다. 지금부터 전달할 정보들은 내가 12살에 처음 골프를 접하자마자 업으로 삼아야겠다고 생각한 순간부터 지금까지 축적한 골프 지식의 정수다.

　내 생각에 골프는 전혀 어렵지 않다. 주말 골퍼도 효율적으로 연습하기만 한다면 70대에 진입하지 못할 이유가 없다고 생각한다. 이때 그들이 보여주는 샷은 선수에 버금가는 샷일 것이다. 하지만 대부분의 일반 골퍼는 자신이 '롱샷'을 제대로 칠 수 없다고 생각한다. 반면 퍼팅이나 칩샷 같은 것은 이야기가 다르다. 짧은 스윙만 필요하므로 이 부분은 잘해낼 수 있다고 생각한다. 나는 그들이 스스로를 과소평가한다고 생각한다. 우리는 모두 풀스윙과 완전한 샷을 수행하기 위한 신체 조건을 갖추고 있다. 풀스윙은 숏스윙을 확장한 그 이상도, 이하도 아니다. 당연히 이 세상의 모든 것과 마찬가지로 일정 수준의 학습은 필요하지만, 올바른 움직임을 배우는 것은 사실 여러분의 우려보다 10배는 더 간단하다. 골프는 일단 올바른 궤도에 올라서고 나면 정확한 동작을 하기가 잘못된 동작을 하기보다 훨씬 쉽다.

전설의 골퍼가 남긴 위대한 레슨 5
벤 호건 골프의 기본

028

내가 때로 많은 것을 요구한다는 사실을 안다. 나에게는 쉬운 일들이 일부 독자에게는 어려울 수도 있다. 하지만 많은 골퍼가 도무지 의도를 알 수 없는 비생산적인 연습에 땀과 에너지를 쏟는 모습을 보면 너무 마음이 아프다. 그들은 십중팔구 골프를 처음 배웠을 때의 잘못을 여전히 답습한다. 이들이 골프를 너무나 사랑한다는 사실은 확실하다. 그렇지 않다면 어떻게 그렇게 꾸준히 연습을 지속하겠는가? 다만 그들을 계속 지켜보는 입장에서는 정말 고역이다. 별다른 성과 없이 에너지를 낭비하면서 괴로워하는 모습을 보면 참으로 안타깝다. 만약 그들이 90살이 될 때까지 똑같은 연습을 반복한다고 해도 골프 실력은 절대 늘지 않을 것이다. 오히려 좋지 못한 습관이 더욱더 몸에 깊게 배어 실력이 나빠질 것이다. 나는 수많은 이가 골프를 운동과 친목 도모 정도로 여기며 적당한 수준에서 만족하고 타협한다는 사실을 안다. 물론 그것만으로도 훌륭하다. 하지만 골퍼라면 누구나 마음 한구석에 골프를 제법 잘 치고 싶다는 욕심이 있다. 그러려면 상당한 연습과 고민, 노력이 필요하다. 체계적으로 골프를 익힌다면 실력이 늘고, 골프를 더 즐겁게 칠 수 있게 된다. 최고의 기쁨은 실력 향상을 통해 누릴 수 있다.

레슨에 들어가기 전에 구체적으로 무엇을 배우고, 무엇을 성취하고자 하는지 이야기해보자. 우선 이 책은 5개의 레슨으로 구성되며, 장당 한두 가지의 기본 원칙을 다룰 것이다. 이를 연습하여 이어지는 다음 레슨을 흡수할 수 있는 탄탄한 기본기를 점진적으로 마련하자. 이 책을 덮는 순간까지 매일 30분씩 할애하여 레슨의 핵심을 연습한다면 골프 실력이 일취월장하리라 확신한다. 물론 실력 향상의 정도는 각자 쏟아부은 노력의 질에 따라 달라진다. 스윙의 기본기를 꾸준히 적용하고 연습을 계속한다면 실력도 우상향하여 때론 꿈꾸던 목표 이상을 달성하기도 할 것이다. **나는 일반 골퍼도 일관된 스윙을 만들고 80타의 벽을 충분히 깰 수 있다고 확신한다.** 일관된 스윙을 방해하는 수많은 동작을 버리고 올바른 움직임 몇 개만 익히면 충분하다. 물론 이 책에서 골프의 모든 영역을 다룰 수는 없다. 어쩌면 무궁무진한 주제 가운데 100분의 1도 못 다룰 수 있다. 따라서 우리가 이야기하고자 하는 것은 골프의 기본 원칙이다. 막연한 짐작이나 상상으로 이야기하는 것이 아니라 검증을 거친 기본기다. 이것이야말로 진정 우리에게 필요한 전부가 아니겠는가.

완전히 전통주의적 관점을 가진 친구들은 나의 골프 스윙 철학이 상당히 혁신적이라고 말한다. 어느 정도는 인정한다. 다만 나는 이렇게 생각한다. 우리가 예전부터 스윙에서 가장 중요하다고 믿어온 많은 방법은 실제로 전혀 중요하지 않다. 반면 중요도가 떨어지거나 때로는 전혀 중요하지 않다고 생각한 일부 방법은 매우 중요하다. 사실 그것이야말로 진정한 현대 골프의 기본이라 할 수 있다. 또한, 나는 골퍼가 자신이 원하는 결과를 만들고자 취하는 동작의 정확한 본질과 느낌을 강조하는 교수법에 전적으로 찬성한다. 예를 들어, 아이에게 문 여는 방법을 가르친다고 가정해보자. 직접 문을 연 뒤 아이에게 문 열린 모습에 대해 자세하게 설명하는 사람은 없을 것이다. 대신 아이가 스스로 문을 열 수 있도록 손잡이를 돌리는 방법을 가르치지 않겠는가? 마찬가지로 이 책에서도 원하는 결과를 얻기 위해서는 어떤 동작을 해야 하는지를 중점적으로 다룰 것이다.

특정 결과를 만드는 움직임, 이것이 바로 진정한 골프의 기본이다. 세계 최고의 선수들을 살펴보면 모두 자신만의 개성과 버릇이 있다. 그러나 그 누구도 우리가 강조할 기본기를 지키지 않고 스윙하는 사람은 없다. 만약 그랬다면 당연히 최고 선수의 반열에 오르지 못했을 것이다.

LESSON 1　　　　　　　　　　　　　　　　THE GRIP

그립

좋은 골프는 올바른 그립에서 시작한다. 이 말이 신선하고 엄청난 발견처럼 새롭게 들리는가? 아마 아닐 것이다. 배터리라는 기본 야구 용어가 투수와 포수를 지칭하는 말이라는 설명을 듣는 야구팬의 기분이 아닐까? 이렇듯 대부분의 골퍼는 골프 스윙에서 그립을 가장 지루하고 재미없는 영역으로 생각한다. 즉, 어떤 매력도 찾지 못한다. 그들은 그립이 스윙에 결정적인 역할을 한다고 생각하지 않는다.

반면 나를 비롯해 진지하게 골프를 즐기는 이들은 뛰어난 선수들이 클럽을 쥐는 모습을 보면 일종의 아름다움마저 느낀다. 예를 들어 월터 하겐은 섬세하면서도 힘이 느껴지는 훌륭한 그립을 지녔다. 오죽하면 하겐이 골프 클럽에 최적화된 맞춤형 손을 갖고 태어났다고 생각했을까? 젊은 선수 중에는 잭 버크가 상당히 멋진 그립을 자랑한다.

이처럼 프로 골퍼가 훌륭한 그립에 감탄하는 이유는 그립이 '정물화'처럼 정적인 요소가 아니라 살아 숨 쉬는 심장박동처럼 스윙이라는 움직임의 핵심 요소라는 사실을 잘 알고 있기 때문이다.

LESSON **1**
그립

031

골프 스윙에 필요한 힘은 몸통의 움직임을 통해 생성된다.
이 힘은 몸통에서 팔로, 그리고 손으로 전달된다.
물리학의 연쇄 반응처럼 전달을 거듭할 때마다 힘이 비약적으로 증대한다.

032

논리적으로 생각해보자. 골퍼가 공과 접촉할 수 있는 유일한 수단은 클럽 헤드이며, 이 클럽과 신체가 맞닿는 유일한 접점은 바로 손이다. 골프 스윙에 필요한 힘은 몸통의 움직임을 통해 생성되는데, 이렇게 형성된 힘은 몸통에서 팔로, 손에서 클럽 헤드로 차례로 전달된다. 그리고 물리학의 연쇄 반응처럼, 힘이 전달될 때마다 그 강도가 비약적으로 커진다. 아이들이 즐기는 꼬리잡기 놀이를 떠올리면 이해가 쉽다. 맨 앞사람이 움직이기 시작하면 꼬리에 자리한 마지막 사람(골프로 따지면 클럽 헤드에 해당한다)은 훨씬 빠른 속도로 뛰어다니게 된다. 이러한 연쇄 동작은 올바른 그립에 좌우된다.

그립에 문제가 있다면 백스윙 탑에서 클럽을 안정적으로 유지할 수 없기에 매번 클럽이 흔들리게 된다. 불안정한 그립을 지닌 골퍼는 절대로 몸통에서 만든 힘을 다운스윙을 통해 클럽에 온전히 전달할 수 없다. 클럽 헤드를 최대 속도로 가속할 수도 없다.

골퍼들이 일반적으로 사용하는 표준 그립법은 오버래핑 그립이다. 해리 바든이 영국과 미국에 대중화한 지 어느덧 반세기가 지난 방법이다. 하지만 지금까지도 오버래핑 그립만큼 효과적으로 신체와 클럽을 결속하는 그립법은 찾기 힘들다. 언젠가는 더 좋은 방법이 나타나겠지만, 그전까지는 오버래핑 그립을 고수해야 하는 이유다. 올바른 그립이 형성되었을 때 골퍼의 양손은 마치 한 몸처럼 움직인다. 그립이 조금이라도 완벽하지 않다면, 즉 약간의 오차라도 있다면 우리는 일체감을 느끼기 어렵다. 절대다수를 차지하는 오른손잡이 골퍼는 자연스럽게 왼손 힘이 훨씬 약할 수밖에 없다. 이들이 스윙의 시작부터 오른손을 더 사용하거나 스윙 중간에 오른손에 힘이 들어가 전체 스윙을 해친다면 양손의 일체감 있는 협응은 기대조차 할 수 없게 된다. 따라서 언제나 견고한 양손 그립을 유지하고 싶다면 완벽한 왼손 그립이 선행되어야 한다. 그 방법은 다음과 같다.

LESSON 1
그립

033

왼손등이 타깃을 향한 상태에서(클럽은 어드레스 자세 때와 같은 위치에 둔다) 첫째, 손바닥 우측 하단의 도톰한 근육 아래에 그립을 단단히 붙이고, 둘째, 샤프트가 검지의 가장 안쪽 마디를 가로지르도록 놓는다. (아래 그림을 참고하자. 글만으로는 이해가 어려운 부분을 쉽게 확인할 수 있다.)

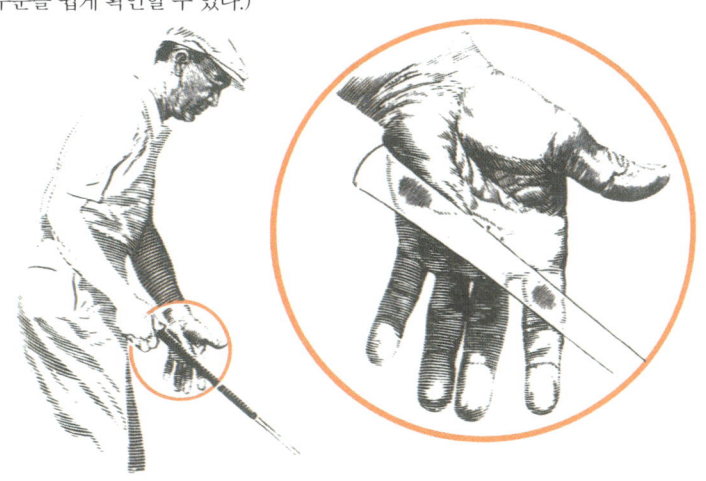

검지를 갈고리처럼 구부려 그립을 감싸 쥔다. 검지와 손바닥 안쪽 근육의 힘만으로도 클럽을 들어올리고, 제법 견고한 그립을 유지할 수 있음을 확인할 수 있다. 엄지를 제외한 나머지 세 손가락을 오므려 클럽을 쥐고, 마지막으로 엄지 손가락을 포갠다. 이로써 왼손 그립이 완성되었다.

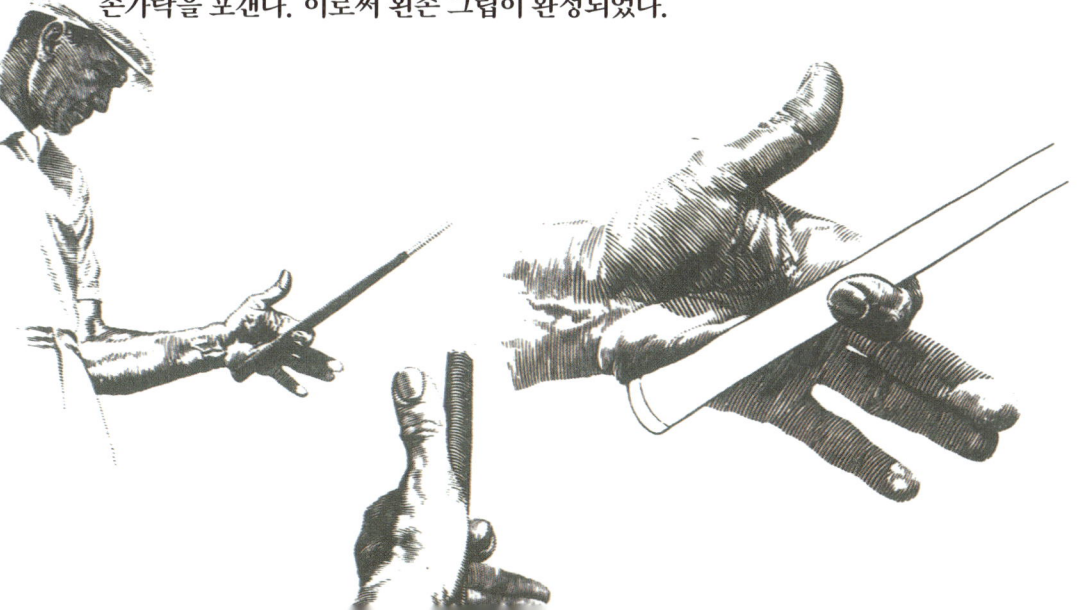

전설의 골퍼가 남긴 위대한 레슨 5
벤 호건 골프의 기본

034

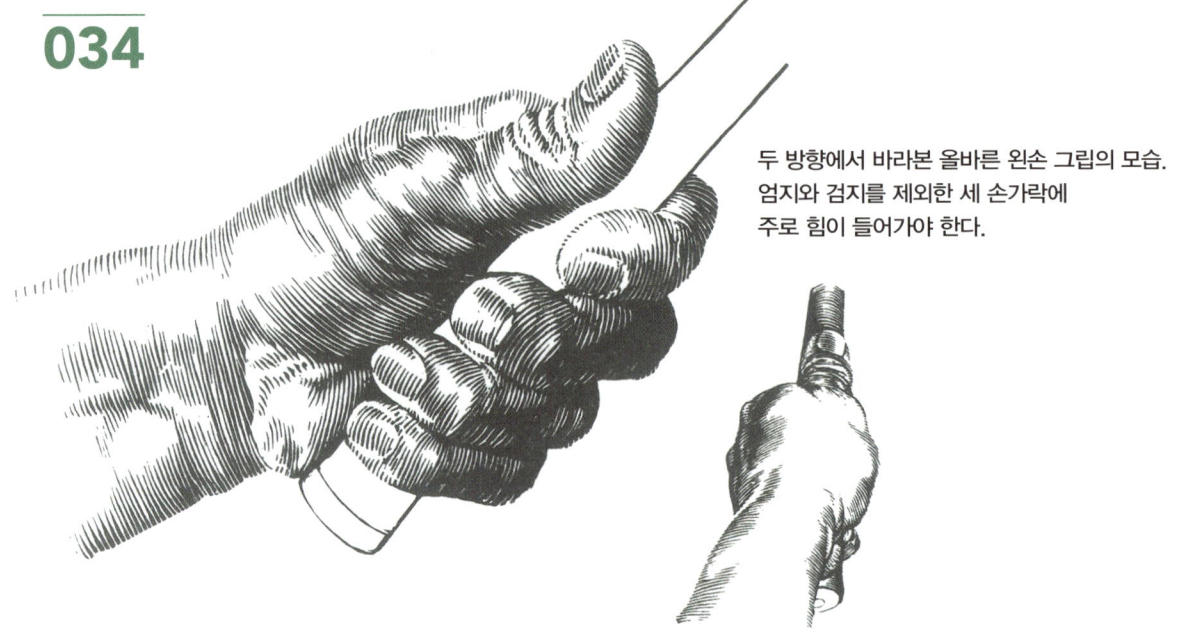

두 방향에서 바라본 올바른 왼손 그립의 모습. 엄지와 검지를 제외한 세 손가락에 주로 힘이 들어가야 한다.

올바른 그립을 숙지하기 위해 일주일 동안 매일 5~10분씩 연습하여 익숙해지도록 한다.

완성된 왼손 그립을 보면 엄지와 검지 사이에 V자 모양이 생기는데, 이 모양이 오른쪽 눈을 향해야 한다. 또한 다섯 손가락으로 그립을 쥘 때는 처음 준비 동작에서 검지와 손바닥 안쪽 근육으로 클럽을 들 때와 비슷하거나 그보다 가벼운 정도의 힘을 사용한다. 그립을 완성한 뒤에는 중지와 약지, 새끼손가락에 주로 힘을 주고, 검지와 손바닥 아래 근육은 보조 역할을 한다. 세 손가락으로 그립을 끌어올리듯 움켜쥐고, 손바닥 아래쪽의 도톰한 부분으로는 밀어내리듯 움켜쥐면 클럽이 그 사이에서 견고하게 고정된다. 손바닥 아래쪽의 근육으로 그립을 누르는 동작은 다음과 같은 역할을 한다. 첫째, 스윙 과정에서 왼팔 전체에 힘을 싣는다. 둘째, 백스윙 탑에 올라갔을 때 손아귀에서 클럽이 빠져나가는 것을 방지한다. 셋째, 임팩트 순간 견고하게 힘을 실어준다.

LESSON 1
그립

035

우리가 지금 다루는 왼손의 힘은 경직된 형태가 아닌 '살아 숨 쉬는' 힘이어야만 한다. 손에 생동감을 불어넣고 언제든지 움직일 수 있도록 준비된 느낌이어야 한다. 어떤 골퍼는 그립을 쥐어짜듯 너무 거칠게 움켜쥐곤 한다. 하지만 이처럼 과한 힘을 쓰면 안 된다. 명백하게 해가 되는 행동이다. 그립을 너무 강하게 쥘 경우 자연히 힘줄이 팽팽하게 조여져 왼팔이 뻣뻣해진다. 그 결과 스윙 과정에서 근육의 움직임을 섬세하게 컨트롤할 수 없게 된다. 또한 지나치게 그립을 세게 쥐면 손목을 움직일 수 없게 된다. 우리에게 필요한 것은 안정적이면서 생동감 있고, 편안한 그립이 아닌가? 이러한 그립이 갖춰지면 묵직한 클럽 헤드가 뒤로 향하는 순간 손가락이 본능적으로 그립을 견고하게 움켜쥐게 된다.

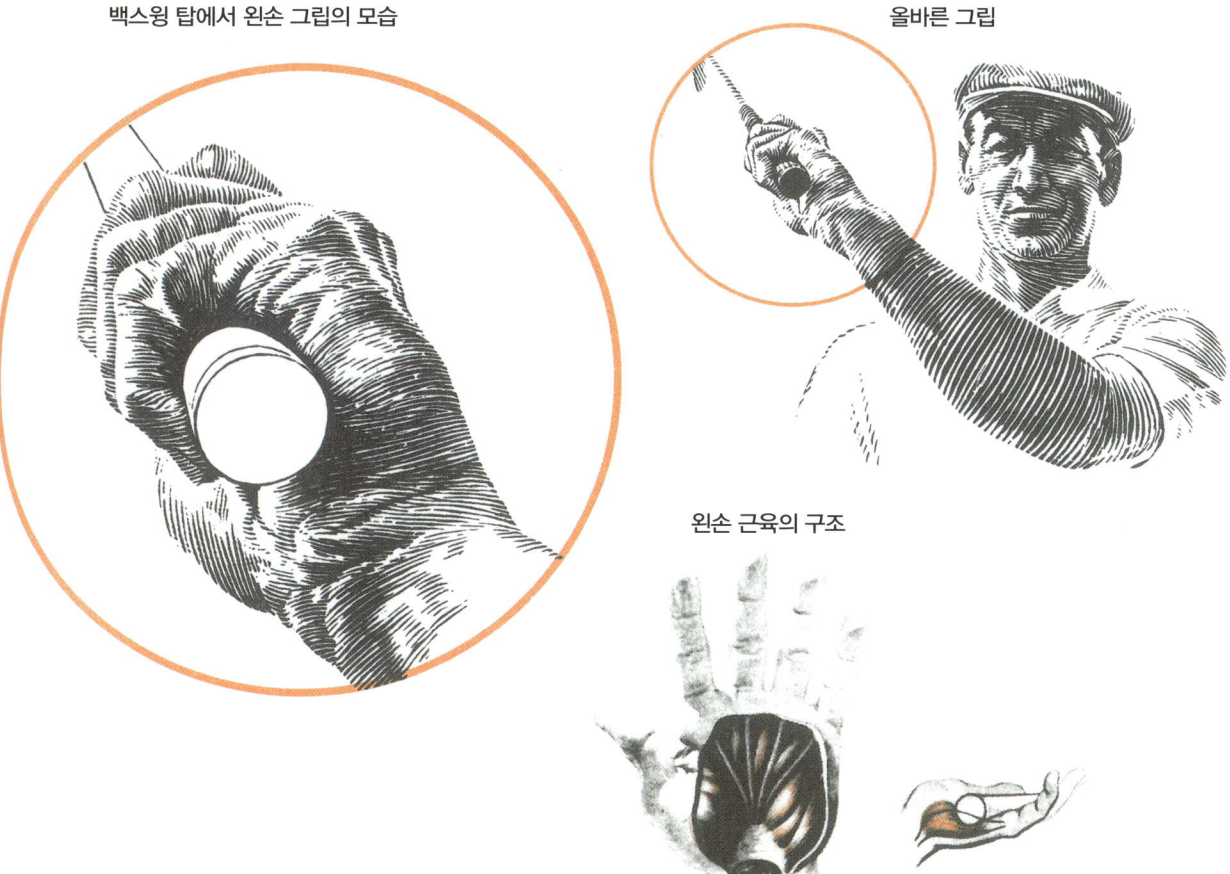

백스윙 탑에서 왼손 그립의 모습

올바른 그립

왼손 근육의 구조

전설의 골퍼가 남긴 위대한 레슨 5
벤 호건 골프의 기본

036

완성된 그립의 모습을 통해
올바른 오른손의 위치를 확인하자.

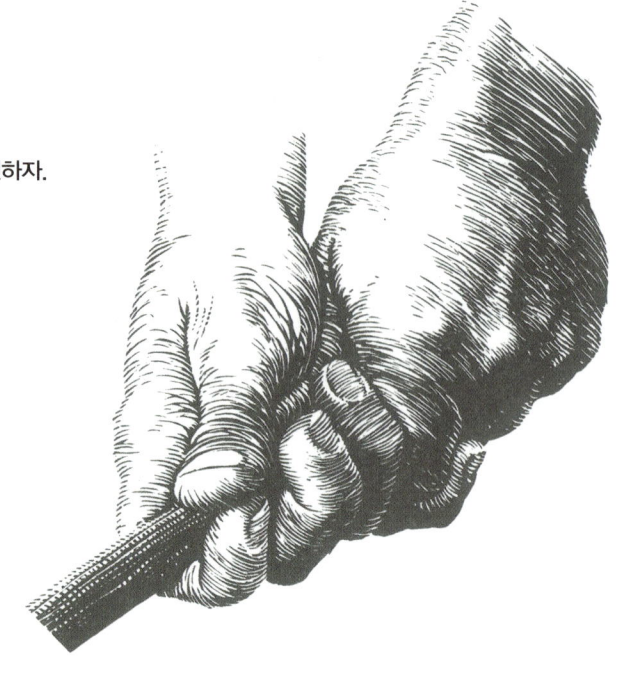

오른손 그립은 오버래핑 그립에서 감싸 쥐는 역할을 하는 손이므로 그립법이 조금 더 까다롭다. 견고하고 올바른 왼손 그립을 만드는 것이 일체감 있는 그립 형성의 절반이라면, 나머지 절반은 오른손을 올바른 위치에 배치함으로써 정확히 왼손과 동등한 힘만 쓸 수 있도록 하는 것이다. 즉, 상대적으로 힘이 센 오른손의 엄지와 검지가 무의식적으로 그립을 지배하려는 경향을 억제하는 것이다. 만일 엄지와 검지의 힘이 과해진다면 스윙은 망가지게 된다. 갈고리의 역할을 하는 오른손의 엄지와 검지는 일상에서는 문을 열거나 커피잔을 들어올리는 등 수많은 작업을 훌륭히 수행하지만, 올바른 그립과 올바른 스윙을 형성하는 데는 전혀 도움이 되지 않는다. 이유는 다음과 같다. 오른손 검지와 엄지의 근육은 오른팔과 팔꿈치, 어깨 바깥쪽을 따라 이어지는 강력한 근육들과 연결되는데, 만약 엄지와 검지에 어느 정도 힘이 들어가면 자동으로 이 근육들이 활성화된다. 하지만 이 근육들은 올바른 골프 스윙에 도움이 되지 않는 근육들이다. 이 근육을 사용할 경우 양손이 협응하는 스윙을 만들 수 없으며, 오른팔과 오른 어깨에만 힘이 들어가 백스윙과 다운스윙이 모두 흔들리게 된다.

LESSON 1
그립

037

올바른 오른손 그립법을 살펴보자. 손바닥이 타깃 방향을 향한 상태에서 손을 곧게 편다. 이때 왼손은 이미 클럽에 단단히 고정된 상태여야 한다. 샤프트를 엄지를 제외한 네 손가락의 가장 안쪽 마디에 놓는다.

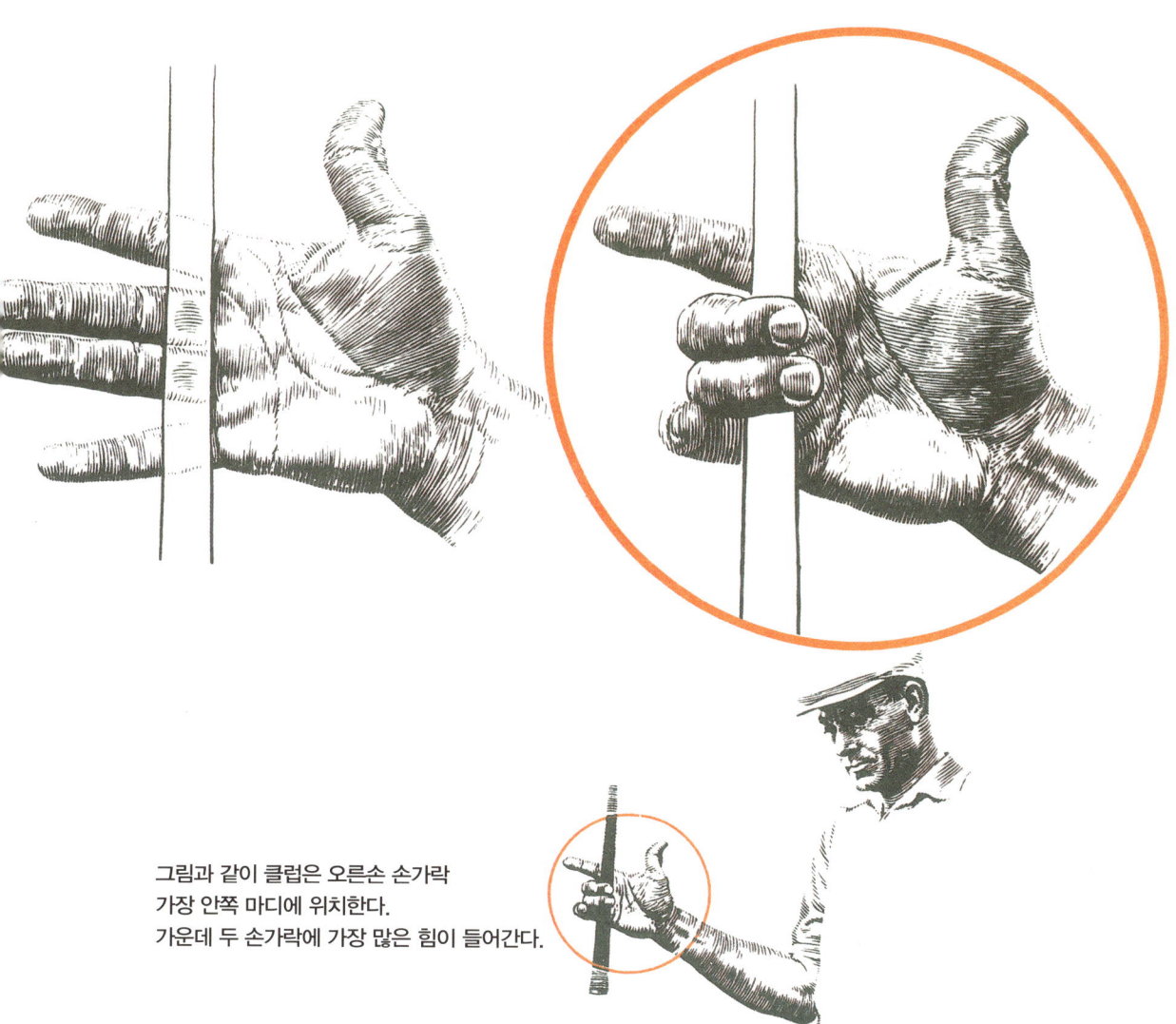

그림과 같이 클럽은 오른손 손가락
가장 안쪽 마디에 위치한다.
가운데 두 손가락에 가장 많은 힘이 들어간다.

전설의 골퍼가 남긴 위대한 레슨 5
벤 호건 골프의 기본

038

오른손 그립을 쥘 때는 손바닥이 아닌 손가락으로 쥔다. 올바른 왼손 그립(손바닥과 손가락으로 쥔다)에서 만들어진 V자 모양은 오른쪽 눈을 가리킨다.

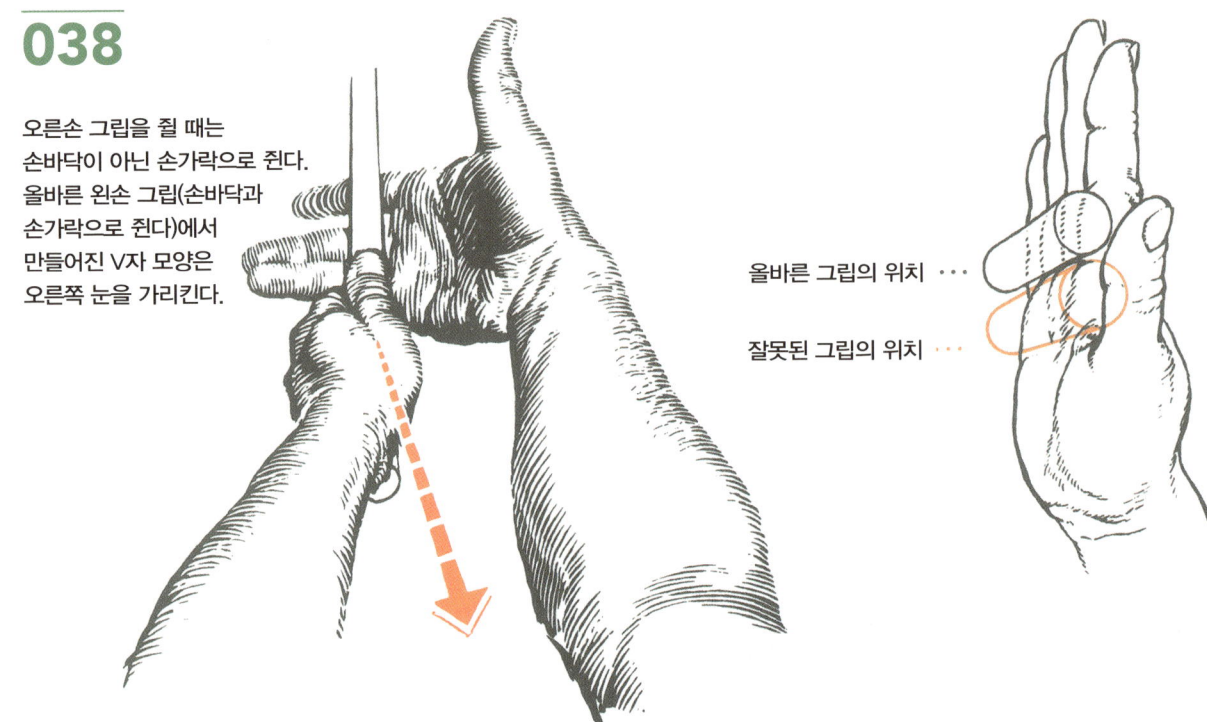

올바른 그립의 위치

잘못된 그립의 위치

오른손 그립을 쥘 때는 손가락으로만 클럽을 잡는다. 가장 많은 힘이 들어가는 손가락은 가운데 두 손가락인 중지와 약지다. 앞서 언급한 바와 같이 검지에 지나치게 과도한 힘이 들어가지 않도록 주의한다. 오른손 새끼손가락은 왼손 검지 위를 타고 넘어가 왼손 검지와 중지 사이의 홈에 단단히 끼워 넣는다. **오른손 손가락으로 견고하게 클럽을 쥔 상태에서 오른손을 가볍게 왼손 엄지 위로 덮는다.** 오른손으로 왼손 엄지를 덮은 뒤에 오른손 엄지는 부드럽게 샤프트 왼쪽 측면을 타고 걸쳐진다.

오른손 그립에서 가장 유의해야 할 사항이 있다면 클럽을 쥘 때 손바닥이 아닌 손가락으로 쥐어야 한다는 사실이다. 공에 백스핀을 주거나 깎아 쳐서 띄우는 등 다양한 기술을 시도하려면 공을 날카롭고 예리하게 쳐야 하는데, 이 동작

LESSON 1
그립

039

들은 손가락으로 그립을 쥐지 않는 이상 도무지 불가능하다. 아울러 올바른 오른손 그립은 클럽 헤드에 최대한의 속도를 전달할 수 있게 만든다. 모든 골퍼의 목표인 헤드의 속도 제어는 손바닥이 아닌 손가락으로 이뤄낼 수 있다.

오른손 새끼손가락에 대해 한마디 덧붙이고자 한다. 지금까지는 오른손 새끼손가락을 왼손 검지 위에 포개어 올리는 것이 일반적이었다. 그러나 나는 새끼손가락을 왼손 검지와 중지 사이에 끼우라고 강력히 주장한다. 이렇게 하면 양손이 서로 미끄러져 떨어지는 것을 방지할 뿐만 아니라 양손이 단단히 결속되었다는 느낌을 준다.

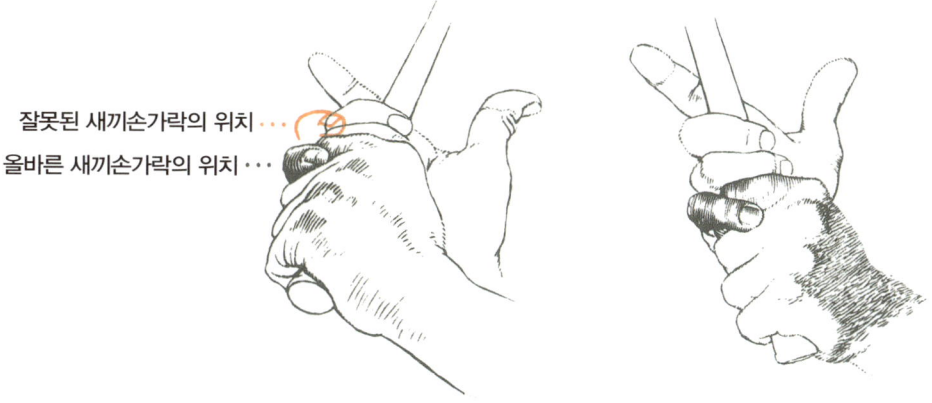

잘못된 새끼손가락의 위치 …
올바른 새끼손가락의 위치 …

이번에는 오른손 엄지에 대해 더 알아보자. 오른손 그립에서 올바른 부위에 힘이 제대로 들어가게 하려면(이렇게 하면 엄지와 검지 끝에 집게처럼 힘이 들어가는 것도 막을 수 있다) 다음과 같은 습관을 길러보길 바란다. 그립을 쥘 때 엄지와 검지의 안쪽 부분(두 손가락 사이 V자 모양이 만들어지는 부분)을 마치 샴쌍둥이처럼 빈틈없이 붙인다. 그립을 시작할 때부터 두 손가락 안쪽을 단단히 붙이고, 오른손으로 왼손 검지를 덮을 때도 이 압력을 유지한다. 타깃 방향으로 누르며 압력을 가하는 느낌을 갖는 게 중요하다. 이때 오른손 검지 위 손등 관절이 샤프트 위에 자연스럽게 걸쳐지도록 잡는 것이 좋다. 이로써 손가락으로 클럽을 쥐고 있다는 느낌

040

이 더욱 선명해질 것이다. 또한 오른 손바닥으로 왼손 엄지를 덮으면 왼손 엄지는 오른 손바닥 안쪽의 움푹 패인 부분에 꼭 들어맞을 것이다. 마치 그림 맞추기 퍼즐 같다고나 할까.

이처럼 왼손 검지와 오른 손바닥 엄지 아래의 두툼한 근육이 결합함으로써 두 손의 결속력이 더욱 강해지고 그립은 단단해진다. 특히 백스윙 탑에서는 그립이 빈약할수록 그립 자체가 망가지기 쉬운데, 이럴 때 특히 유효하다. 완성된 오른손 그립에서 엄지와 검지 사이에 형성된 V자 모양은 턱을 가리킨다.

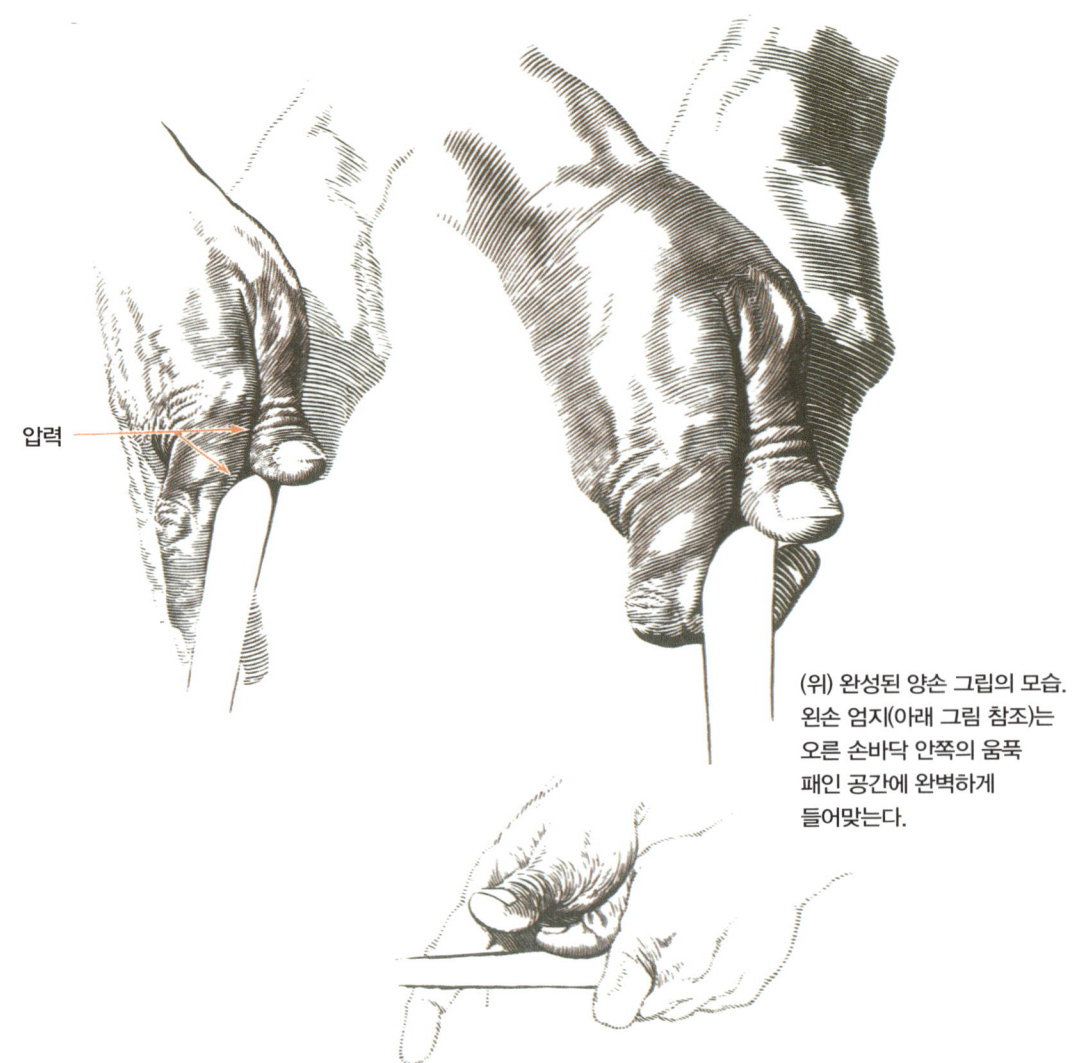

압력

(위) 완성된 양손 그립의 모습. 왼손 엄지(아래 그림 참조)는 오른 손바닥 안쪽의 움푹 패인 공간에 완벽하게 들어맞는다.

LESSON 1
그립

041

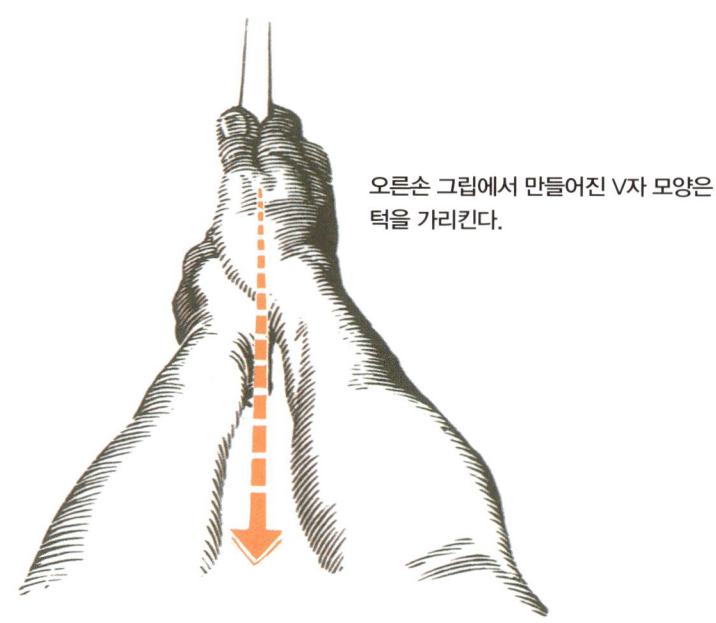

오른손 그립에서 만들어진 V자 모양은 턱을 가리킨다.

    마지막으로, 자칫하면 스윙을 망칠 수 있는 위험 요소인 오른손 엄지와 검지에 대해 말해보자. 숙련된 골퍼의 경우 엄지와 검지의 끝을 정교하게 활용하여 기교를 부리지만, 공을 때리는 터치 순간에만 손가락 끝을 사용하는 방법을 배우려면 상당한 훈련이 필요하다. 여러분도 점점 더 실력이 향상된다면 익힐 수 있을 것이다.

    하지만 잘못된 습관을 버리고 올바른 습관을 새롭게 들이는 것이 최대의 숙제인 지금 시점에는 일반 골퍼라면 이러한 기교 따위는 전혀 고려하지 않아도 된다. 오히려 오른손의 올바른 사용법을 익히는 데 독이 될 뿐이다.

    같은 맥락에서 상당히 유익한 연습을 소개하겠다. 일주일간 매일 5분씩 오른손 엄지와 검지를 샤프트에서 완벽히 떨어뜨린 채 그립을 쥐고 스윙을 하는 것이다.

    이렇게 하면 일체화된 손으로 클럽을 쥐고 있다는 감각을 얻게 된다. 이것이야말로 우리가 원하는 모습이 아닌가.

042

그립을 쥔 뒤에는 엄지와 검지 끝은 클럽에 전혀 닿지 않는다는 느낌이 들어야 하고, 앞서 언급한 바와 같이 손등 검지의 관절이 엄지를 누르며 타깃 방향을 향한다는 감각이 느껴져야 한다.

혹자는 올바른 그립의 원리를 설명하기 위해 지나치게 자세한 내용을 다뤘다고 할지도 모른다. 하지만 절대 그렇지 않다. 많은 이가 골프를 배울 때 총론과 각론을 혼동한다.

예를 들어, 손가락을 덮는 동작이 세부 동작이라고 생각한 나머지, 실제로 그 동작을 어떻게 해야 하는지는 신경 쓰지 않는다. 또는 지극히 피상적일 수 있는 겉으로 드러난 '결과'와 그 결과를 만들어낸 본질인 '동작'을 명확하게 구분하지 못한다.

예컨대, 많은 골퍼가 양손에서 만들어진 V자 모양이 각각 올바른 방향을 가리킨다면 그립이 제대로 만들어졌다고 생각한다. 하지만 실제로는 맞을 수도 있고 틀릴 수도 있다. V자 모양은 단지 점검 요소에 불과할 뿐이고 올바른 그립을 보증하지는 않는다.

골프에서는 한 치의 오차도 없이 정확하게 만들어야 하는 특정 동작이 있다. 대충 '맞았으니 괜찮다'라는 식으로 넘어갈 수 없는 것들이다. 그립도 이런 동작 가운데 하나로, 반만 정확한 그립은 전혀 쓸모가 없다.

반면, 올바른 습관을 익히기 시작하면 정확한 그립은 저절로 나온다. 언제든 쉽게 만들 수 있다. 아울러 공들여서 올바른 그립법을 익히고 나면 그 노력의 대가는 수천 배의 값어치로 돌아온다. 올바른 그립을 완벽히 숙지하고 이에 더해 스탠스와 자세도 역시 올바르다면 양손이 스윙 과정에서 무엇을, 어떻게 해야 하는지는 새까맣게 잊어도 좋다. 그러한 것들은 양손이 자연스럽게 만들어주기 마련이다. 올바른 그립이 팔과 신체 근육의 올바른 움직임을 이끌어내기 때문이다.

LESSON **1**
그립

043

오른손 엄지와 검지를 뗀 채로 클럽을 쥐는 동작을 연습하면,
양손이 일체감 있게 움직이면서 강력하고
정확한 그립을 형성하고 있다는 느낌을 익힐 수 있다.

전설의 골퍼가 남긴 위대한 레슨 5
벤 호건 골프의 기본

044

이 내용을 뒷받침할 내 경험담을 소개한다. 사실 나만큼 온갖 그립을 시험해본 사람도 드물 것이다. 나는 왼손잡이로 태어났다. 따라서 모든 것을 왼손으로 하는 것이 자연스러웠다. 소년이 되자 왼손에서 오른손잡이로 손을 바꾸었으나, 골프는 왼손으로 시작했다. 당시 처음 손에 넣었던 오래된 5번 아이언이 왼손잡이용이었기 때문이다. 내가 더는 왼손으로 골프를 치지 않게 된 이유는 동네 상권의 영향이 컸다. 내 고향인 포트워스의 꼬마들은 당시 싸구려 잡화점에서 한 자루에 1달러씩 하는 골프 클럽을 구매해 사용했는데, 그곳에서는 왼손잡이용 클럽을 취급하지 않았다. 오른손으로 골프를 치기 시작한 초반에는 왼손으로 골프를 쳤을 때의 영향 때문인지 크로스핸드 그립을 사용했다. 그 이후 인터로킹 그립을 실험해봤고, 한참 뒤인 15살 무렵 마침내 오버래핑 그립에 도달했다. 이 무렵 글렌 가든 클럽의 골프숍에서 일하던 나는 프로 골퍼였던 테드 롱워스의 그립을 따라 했다. 모든 그립 가운데 오버래핑 그립이 최고라는 사실을 단숨에 깨달았고, 이 생각이 확신에 이르자 단기간에 그립을 체득하게 되었다.

나는 처음 오버래핑 그립을 채택한 이래로 지금까지, 사소하지만 두 가지 사항을 수정했다. 우선 군복무를 마친 직후 왼손 엄지를 샤프트를 따라 곧게 펴는 이른바 '롱 섬' 방식에서 엄지를 1센티미터 정도 위로 당기는 '숏 섬' 방식으로 변경했다. '롱 섬' 방식으로 그립을 쥘 경우, 백스윙 탑에서 클럽이 너무 멀리 떨어졌기 때문에 스윙 타이밍을 정확히 맞추기가 어려웠기 때문이다. 두 번째 수정은 1946년으로, 이때는 그립의 왼손을 1센티미터 정도 왼쪽으로 돌렸다. 당시 나는 고질적인 문제인 훅 구질을 방지하기 위해 힘을 제어할 방법을 찾고 있었다. 그리고 왼손을 돌려 엄지가 샤프트 중앙에 위치하게 하는 것이 이 문제를 해결할 첫 단추였다. 다만 지금 언급한 두 가지 조정 사항은 개인 문제에서 비롯한 수정 사항이다. 즉, 내가 상당한 도움을 받았던 방법이므로 나와 스윙 패턴이 비슷하거나 공을 치는 동작이 비슷한 사람에게는 강력하게 추천하고 싶다. 한 가지 분명한 사실은 이것들은 어디까지나 수정 사항일 뿐이고 절대 기본 원칙은 아니다. 별다른 수정이 필요 없는 사람이야말로 진정 행복한 골퍼가 아닐까!

골프 그립은 손과 손가락의 감각이 예민하게 살아 있을 때 최고의 기능을 발휘한다. 하지만 감각이 살아 있는 날도 있지만, 그렇지 않은 날도 있기 마련이다. 재미있는 사실은 진저 에일을 마시면 신장에 영향을 주어 손이 둔하고 부은 듯한 느낌을 방지할 수 있다는 것이다. 한편, 차가운 날씨도 당연히 손의 감각에 영향을 미친다. 나는 카누스티에서 경기를 할 때 항상 손을 따뜻하게 유지하기 위해 양주머니에 손난로를 넣고 다녔다. 담배 라이터와 비슷한 원리로 작동하는 빅토리아 시대풍 기기였다. 두꺼운 헝겊으로 감싼 금속 용기 안에는 기름이 차 있었고, 심지에 불을 붙이면 약 8시간 동안 타올랐다. 손난로는 주머니 안에 든 골프공도 덤으로 따뜻하게 데워주었다. 따뜻한 공이 차가운 공보다 멀리 간다는 사실은 이미 알고 있을 것이다.

다음 장에서는 스탠스와 자세의 기본기에 대해 현대 골프의 관점에서 살펴볼 것이다. 하지만 너무 서두를 필요는 없다. 최소한 일주일 동안은 매일 30분씩 그립 연습을 선행하도록 하자. 이 연습을 해두면 다음 장에서 이어질 기본기 레슨이 두 배는 쉽고, 두 배는 더 가치 있게 느껴질 것이다. 거듭 강조하지만 골프 스윙을 제대로 배우려면 체계적으로 연습하는 것이 중요하며, 이만큼 보람 있는 일도 없다고 자부한다. 일반 골퍼 여러분은 결국 여러 스윙의 요소를 종합하는 방법을 깨우치게 될 것이다. 그리고 그 결과로 일관된 스윙을 완성하고 프로 골퍼와 동일한 구질의 샷을 구현하게 될 것이다. 그들과 동일하게 연습하기 때문이다. 프로 수준의 비거리나 정확성에는 미칠 수 없으나, 충분히 멀리 치고 똑바로 칠 수 있게 될 것이다. 그리고 무엇보다도 정확하면서도 개성이 담긴 샷을 갖게 될 것이다. 대부분은 경험하지 못한 세계이지만, 일반인도 충분히 이뤄낼

전설의 골퍼가 남긴 위대한 레슨 5
벤 호건 골프의 기본

046

그립이 잘못될 경우
백스윙 탑에서 클럽을
제대로 제어할 수 없다.

그립이 올바를 경우 백스윙 탑에서도
클럽을 완벽히 통제할 수 있다.

LESSON 1
그립

047

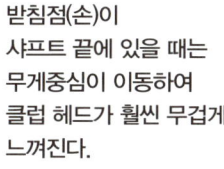
받침점(손)이 샤프트 끝에 있을 때는 무게중심이 이동하여 클럽 헤드가 훨씬 무겁게 느껴진다.

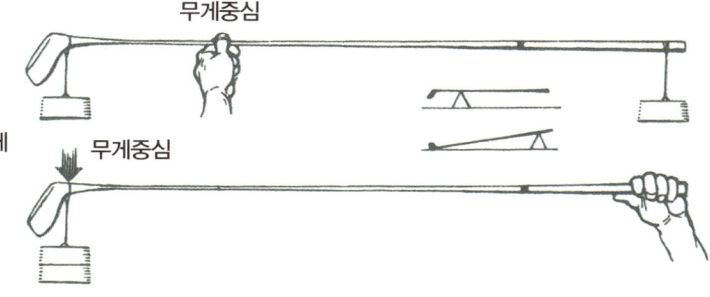
무게중심
무게중심

수 있다. 내가 확실히 보증한다.

일반 골퍼가 골프공을 정확히 타격하는 올바른 방법을 익히면 실력이 향상되기 시작하고, 동시에 자신의 발전도 스스로 느낄 수 있다. 점차 자신이 정교한 풀 샷에서부터 다양한 높낮이의 샷, 드로우와 페이드 구질의 샷, 벙커 샷, 트러블 샷, 하프 샷 등 **모든 종류의 샷을 스윙을 바꾸지 않고도 구현할 수 있다는 사실**을 깨닫게 된다. 즉, 이처럼 다채로운 샷을 제어할 수 있는 감각은 스윙 그 자체에서 나온다.

골퍼들은 실력이 향상할수록 골프에 더욱 빠져든다. 올바른 스윙을 통해 골프의 매력을 재발견하기 때문이다. 어쩌면 비로소 처음으로 골프의 진가를 발견한 것일 수도 있다. 골프에 필요한 장비는 물론이고 전문 지식까지도 완전히 갖추게 되고, 골프라는 게임이 완전히 새롭게 보이기 시작한다. 예를 들어, 워터 해저드를 넘기려면 최소 캐리로 170야드를 쳐야 하는 상황에서 티 박스에 올랐을 때, 남들처럼 정신없이 공을 치곤 어떻게든 해저드를 넘어가길 기도하자는 식의 태도는 취하지 않는다. 대신에 언제든 200야드는 넘길 수 있다는 확신이 생기고, 더 나아가 그 이상의 생각도 하게 된다. 자신의 평균 비거리를 고려했을 때 세컨드 샷을 하기 위한 최적의 위치는 어디인지, 그리고 그곳에 공을 떨어뜨리려면 워터 해저드를 얼마나 넘겨야 하는지 고민하게 된다. 까다로운 코스 공략은 이제 더는 불안 요소가 아니라 재미있는 일이 된다. 왜 페어웨이 좌측 가장자리를 따라 나무가 심어져 있는지, 왜 벙커의 가장자리가 그린 입구까지 뻗어 있는지, 왜 페어웨이가 점점 더 좁아지는지 이해하게 된다. 따라서 코스 관리자들이 나무를 베거나 벙커를 메우고 러프 지역을 좁히거나 줄인다고 할 때 반대하게 될 것이다. 심지어 러프를 평탄화한다는 계획에도 반대하고 나서게 될 것이다.

이제 여러분은 진정한 골프의 정신을 깨우치게 될 것이다. 첫 샷에서 실수를 범하여 다음 샷이 어려워진다고 해도, 실수를 만회하기 위해 어려운 샷을 해내야 하는 그 상황에 기꺼이 응할 것이다. 만약 그린이 매우 좁다면 평소보다 훨씬 정교하게 샷을 쳐야 하고, 그렇지 못했을 때는 그 대가를 치러야 하는 도전적인 상황에도 기꺼이 응할 것이다. 이러한 마음가짐에는 자신이 근본적으로 정확하고 일관된 스윙을 지녔기에 집중만 한다면 본인이 원하는 샷을 할 수 있다는 믿음이 깔려 있다. 물론 우리는 인간이기에 실수도 한다. 하지만 우리는 진정한 골퍼로 거듭날 것이고, 골프의 즐거움에 점점 더 빠져들게 될 것이다.

LESSON 2　　　　　　　　　　　　　　STANCE AND POSTURE

스탠스와 자세

골프의 가장 큰 매력 가운데 하나는 골프를 시작하면서 느끼는 다양하고 본능적인 감정이다. 예를 들어, 우리는 모든 현상에는 분명한 원인이 있다고 생각하게 된다. 공을 잘 치는 방법과 비법이 언뜻 보기에는 불가능하지만 사실은 전혀 신비로운 일이 아니라고도 생각하게 된다. 또한, 추리소설의 마지막 장에서 탐정이 모든 수수께끼의 실마리를 반박하지 못할 수준으로 풀어내는 것처럼 일련의 명쾌한 해답을 얻을 수도 있겠다고 생각하게 된다.

우리는 모두 탐정과 같이 각자 해답을 찾기 위한 자신만의 길에 올랐다. 여기서 단서를 찾아 그 단서가 유효한지 실험해보고, 저기서 찾은 실마리는 과연 효과적인지 실험한다. 이렇게 탐색과 실험의 과정을 반복한다. 절대 간단한 일은 아니다. 오늘의 눈부신 추리도 심도 있는 조사를 거치고 나면 내일은 무용지물이 되기 일쑤다. 하지만 별다른 의식도 없이 잘못된 길로 들어서거나, 결정적인 분기점마다 잘못된 방향으로 들어서는 실수를 거듭하면서 자신도 모르는 사이에 스스로 만든 미궁에 빠지는 상황은 이보다 더 심각하다.

그런데도 진정 골프가 신비로운 단 하나의 이유는 우리를 끌어당기는 근본

전설의 골퍼가 남긴 위대한 레슨 5
벤 호건 골프의 기본

자력 때문이 아닐까 한다. 추리소설 속 탐정이 수많은 낙담 속에서도 트렌치코트와 돋보기를 반납하지 않고 해답을 찾기 위한 여정을 끝까지 포기하지 않는 것처럼 말이다.

또한 골프는 우리 안에 내재한 과학자 기질도 끌어낸다. 질서정연한 방법으로 스윙을 관찰하고 실험하지 않으면 문제가 복잡해진다는 사실을 직감하게 된다. 이런 측면에서 연습 때 노트와 펜을 챙겨 가는 습관은 나에게 상당한 도움이 되었다. 연습장에서 세션이 끝날 때마다 내가 무엇을 연습하는지, 그 결과가 어떻게 나왔는지, 다음 연습 때는 정확히 어디서부터 시작해야 하는지를 적었다. 아마 앞으로도 평생 골프를 연구하겠지만, 솔직히 말해 이제야 비로소 모든 골퍼에게 금쪽같은 도움이 될 만한 깊은 이해도가 쌓였다고 생각한다. 내가 지금 알고 있는 것들을 처음 골프를 시작한 젊은 나이에 알았더라면 얼마나 좋았을까!

제1장에서 강조한 바와 같이 정확하고 강력하며 일관된 스윙 없이는 절대로 골프를 잘 칠 수 없다. 그리고 평균적인 운동 능력을 가진 사람이라면 누구나 영리한 연습을 통해 그러한 스윙을 만들 수 있다. 몇 가지 기본기만 학습하고 연습한다면 올바른 스윙은 걷기처럼 본능적인 동작이 될 수 있다. 여러분에게 전달할 스윙의 개념은 본질적인 요소만을 추려낸 것이기에 여러분이 우려하는 만큼 공부할 내용이 많지 않다. 그 가운데 '기술적'인 부분이라고는 이를 풀어내는 방법밖에 없다. 모든 동작의 이면에는 명확한 목적이 있다는 사실을 기억하자.

이처럼 포괄적인 골프의 기본기 가운데 첫 번째는 단연 그립이다. 앞서 살펴본 바 있다. 두 번째 기본은 스탠스와 자세다. 많은 사람이 스탠스를 단순히 타깃 방향을 향해 정렬하는 스윙의 사전 동작 정도로 치부하는 심각한 오류를 범한다. 샷의 방향 설정이 스탠스의 목적 가운데 하나임은 확실하다. 하지만 스탠스에는 훨씬 더 중요한 다른 기능이 있다. 스윙을 잘하려면 힘과 조절 능력이 적절히 결합되어야 하는데, 스탠스는 이를 위한 준비 단계다. 우리는 스탠스를 통

LESSON 2
스탠스와 자세

051

올바른 스탠스와 자세는
스윙의 전 과정에서 완벽한 준비 태세와
균형 잡힌 스윙을 유지하게 해준다.
그런 스탠스와 자세가 갖춰질 때에만
팔, 다리, 몸통이 조화롭게 서로 협응해
주어진 임무를 올바르게 수행하기 때문이다.

해서 첫째, 스윙 과정에서 균형을 유지할 수 있고, 둘째, 근육이 부드럽게 움직일 수 있도록 준비하며, 셋째, 스윙에 쏟는 모든 에너지가 최대의 힘과 통제력을 가질 수 있도록 응집한다.

실력이 출중한 골퍼들이 스탠스를 잡을 때 발과 무릎, 어깨를 조금씩 조정하는 모습을 본 적이 있을 것이다. 누군가는 이러한 모습이 긴장에 따른 헛된 몸짓이라고 오해하는데, 잘못된 생각이다. 정적이고 고정된 자세를 만들기 위한 사전 단계도 아니다. 사실 그 행동은 스윙에 필요한 모든 요소가 균형을 이뤘는지, 본격적인 스윙 동작에 들어갈 준비가 되었는지를 느끼려는 것이다.

우리는 샷을 준비하기 위해 공 앞에 서면 가장 먼저 클럽 페이스를 타깃 방향에 정렬한다. 물론 그 전에 그립을 쥐고 있어야 하며, 캐디백에서 클럽을 꺼낸 순간부터 클럽의 무게감을 느끼고 있어야 한다. 이렇게 클럽 페이스가 타깃 방향에 맞춰지면 뒤이어 본격적으로 공을 치기 위한 자세를 잡는다. 발과 다리, 몸과 팔, 손의 위치를 잡는 것이다. 이 동작들은 동시에 이뤄지며 상호 유기적으로 형성된다. 자세한 설명을 위해 각각의 동작을 분리하여 살펴보자. 먼저 발의 움직임이다.

우선 양발은 얼마나 벌려야 할까? 거의 모든 체격의 사람들에게 적용되는 가장 기본적인 원칙은 다음과 같다. **일반적인 5번 아이언 샷을 기준으로 양발은 어깨너비만큼 벌린다. 5번 아이언보다 로프트 각도가 높은 클럽이라면 양발의 간격을 좁히고, 롱 아이언이나 우드를 잡았다면 어깨너비보다 간격을 넓힌다.** 양발의 간격을 지나치게 넓히면 안 좋은 결과를 자초하고 만다. 유연함을 유지해야 할 관절이 뻣뻣하게 고정되기 때문이다. 하지만 대부분의 골퍼는 양발 간격을 너무 좁게 만드는 경향이 있다. 나는 적당히 양발을 벌리는 편이 훨씬 낫다고 주장한다. 마찰력을 높이고 균형을 유지할 수 있는 견고한 지지기반이 될 뿐만 아니라 스탠스를 좁게 섰을 때보다 어깨가 퍼지고 자유롭게 움직일 수 있기

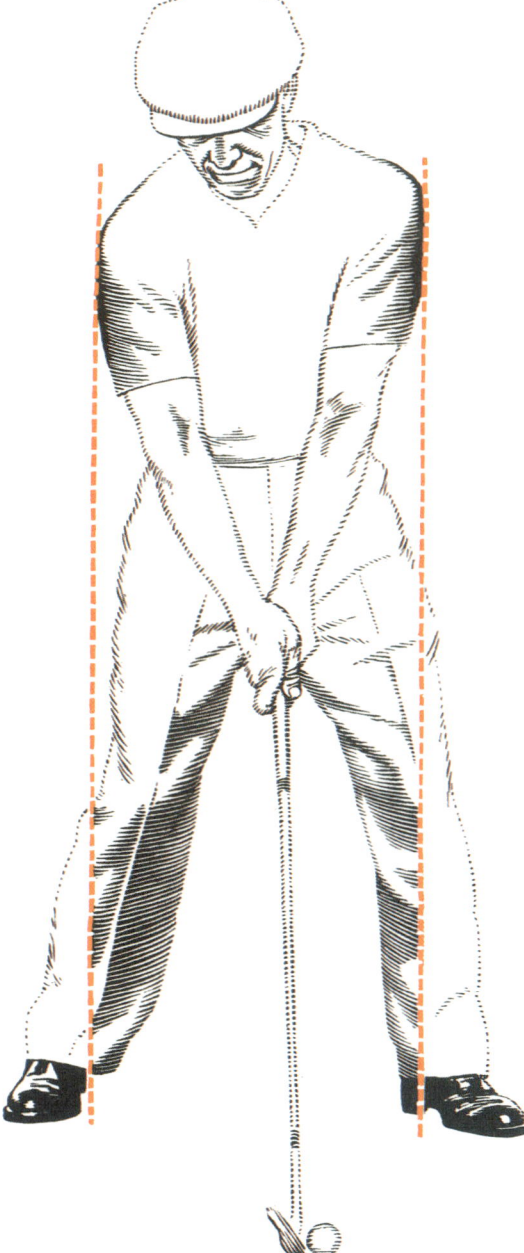

일반적인 5번 아이언 샷을 기준으로 양발은 어깨너비만큼 벌린다.

때문이다.

　알다시피 일부 투어 선수들은 양쪽 발끝을 밖으로 열고 스탠스를 취한다. 개인적으로는 그들이 발을 그렇게 놓고도 훌륭한 성과를 만드는 것을 상당히 의아하게 생각해왔다. **골프에 입문한 초창기부터 올바른 기본 스탠스는 단 하나밖에 없다고 생각했기 때문이다. 그것은 오른발을 비구선**(공과 목표점을 잇는 가상의 직

054

선 - 옮긴이)과 직각으로 놓고, 왼발은 4분의 1만큼 왼쪽으로 돌리는 것이다.

4분의 1만큼 돌린다는 표현이 다소 난해할 수도 있다. 쉽게 풀어 설명해보겠다. 만약 우리가 왼발 엄지를 타깃 방향으로 향하게 돌리면, 왼발은 비구선과 직각을 이루던 위치에서 좌측으로 90도 돌아간다. 따라서 4분의 1만큼 돌린다는 말은, 90도의 4분의 1인 약 22도만큼 왼발을 수직에서 왼쪽으로 열어준다는 뜻이다.

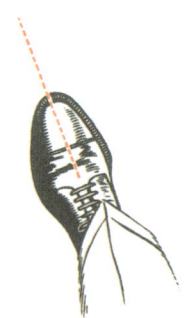 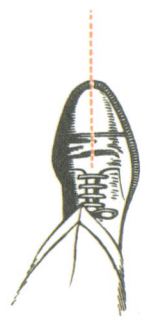

이러한 스탠스를 취할 경우 우리 몸은 클럽이 다운스윙에서 내려와 공을 치고 왼발 방향으로 나아가기에 훨씬 유리한 위치에 놓인다. 우리는 사실 훌륭한 선수의 스탠스만 봐도 그가 어느 방향을 겨냥하고 샷을 칠지 알 수 있다. 심지어 프로 골퍼들은 대부분 어드레스 자세에서 타깃 방향으로 몸을 살짝 기울이기도

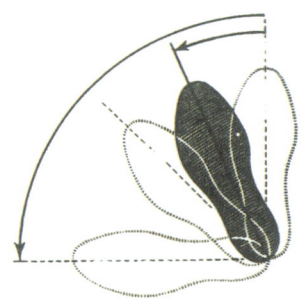

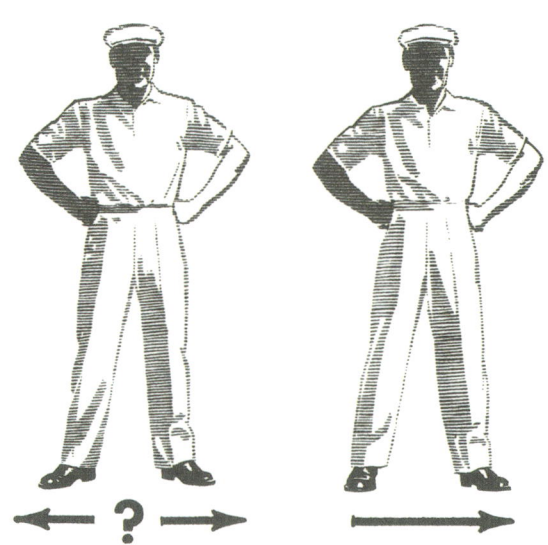

한다. 반면 양발을 모두 열고 스탠스를 취할 경우, 사람들은 '이 친구는 대체 왼손으로 치는 거야, 오른손으로 치는 거야?'라고 생각한다. 그의 스탠스만으로는 어떤 방향으로 공을 치는지 전혀 알 도리가 없다.

　기본 스탠스를 성실히 따를 경우 여러 값진 결과를 얻을 수 있는데, 레슨이 심화될수록 그 진가를 발휘할 것이다. **첫째, 올바른 스탠스는 우리가 백스윙에 들어갈 때 스윙을 이끄는 근육을 감지하고 통제하는 일을 훨씬 수월하게 만들어준다. 둘째, 스탠스를 올바로 취할 경우 백스윙에서 만들 수 있는**(그리고 필요한) **골반의 회전량을 자연스럽게 제어하게 된다.** 즉, 올바른 스탠스는 골반이 적정선 안에서 최대한 회전하되, 지나치게 돌아가지는 않도록 돕는다. 반면, 정석적인 방법으로 왼발을 열지 않고 왼발을 닫은(비구선과 직각) 상태에서 스탠스를 취하면 골반 회전이 비교적 오른쪽 뒤에서 시작되기 때문에 골반의 회전량이 적정 범위를 초과하게 된다. 똑같은 이치로 오른발을 닫지 않고 열어놓은 채 스탠스를 취하면 골반은 필요 이상으로 돌아가게 된다.

056

골반 회전을 연습할 때 유용하게 활용할 수 있는 체크 포인트를 소개한다. 기본 스탠스를 정확하게 갖춘 상태에서 골반을 끝까지 회전했을 때, 벨트 버클은 닫힌 오른쪽 엄지발가락을 바라봐야 한다. 앞에서 다룬 바와 같이 잘못된 스탠스에서 골반을 회전하면, 허리가 과하게 돌아가 버클이 체크 포인트를 넘어 거의 타깃의 맞은편을 향하게 된다.

셋째, 스탠스는 다운스윙에도 상당한 영향을 미친다. 예를 들어, 오른발을 연 상태에서 다운스윙을 하면 클럽을 빠르고 부드럽게 끌고 내려와 공을 타격하고 뿌려내기가 확연히 어려워진다. 클럽의 궤도를 스스로 가로막기 때문이다. 이 스탠스에서 클럽이 빠져나가려면 엉덩이 오른쪽으로 돌아 나가는 수밖에 없다.

또한, 꼭 필요한 과정인데도 왼발을 4분의 1만큼 열지 않고 닫은 채로 스탠스를 취할 경우 또 다른 형태로 스윙에 악영향을 미친다. 나 역시 왼발을 닫은 채로 공을 치면 왼쪽 다리와 몸통 전체가 불편하게 경직되는 느낌을 받는다. 모든 것이 자유롭고 조화롭게 타깃 방향으로 움직이는 것이 아니라 삐걱거리며 안간힘을 쓰는 느낌이다. **반면 왼발의 위치가 정확하다면 온 힘을 끌어내 공을 칠 수 있다. 모든 것을 방출하는 것이다. 이렇게 될 경우 모든 에너지가 온전히 공에 전달된다.**

왼발의 위치와 같이 너무나 사소해 보이는 문제가 전체 스윙을 좋게도, 나쁘게도 만드는 이유는 골프의 본질과 직결된 사항이기 때문이다. 깊게 다루지는 않겠지만, 그 해답은 물론 해부학에서 찾을 수 있다. 어떤 경우에도 신체의 모든 근육은 다른 근육과 서로 연결되어 있다. 따라서 연속 동작에서 하나의 근육을 사용하면 이와 연결된 다른 근육도 자연스럽게 활성화된다. 골프에서는 우리가 활발하게 사용해야 할 근육이 있는 반면에 스윙과 전혀 관련 없는 근육도 있다. 예를 들어, 우리가 백스윙에서 골반을 과도하게 회전할 경우, 우리는 올바르게

LESSON 2 스탠스와 자세

057

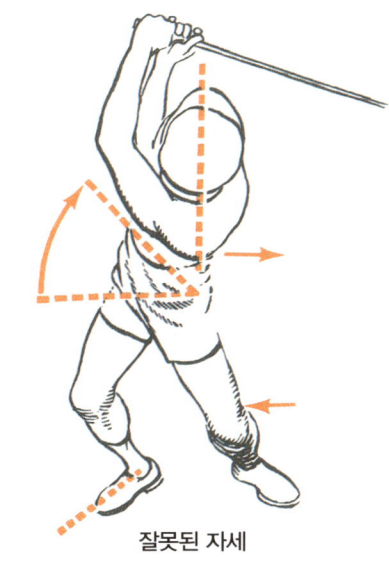

잘못된 자세

오른발 위치가 잘못되면
여러 심각한 문제를 초래한다.
예를 들어, 오른 다리가
오른쪽 바깥으로 빠지는
스웨이 현상이 나타나거나
왼쪽 무릎이 구부러질 수 있고,
지나친 골반 회전이 나타날 수 있다.
또한 왼팔이 구부러지면서
잘못된 어깨 회전이 만들어지기도 한다.

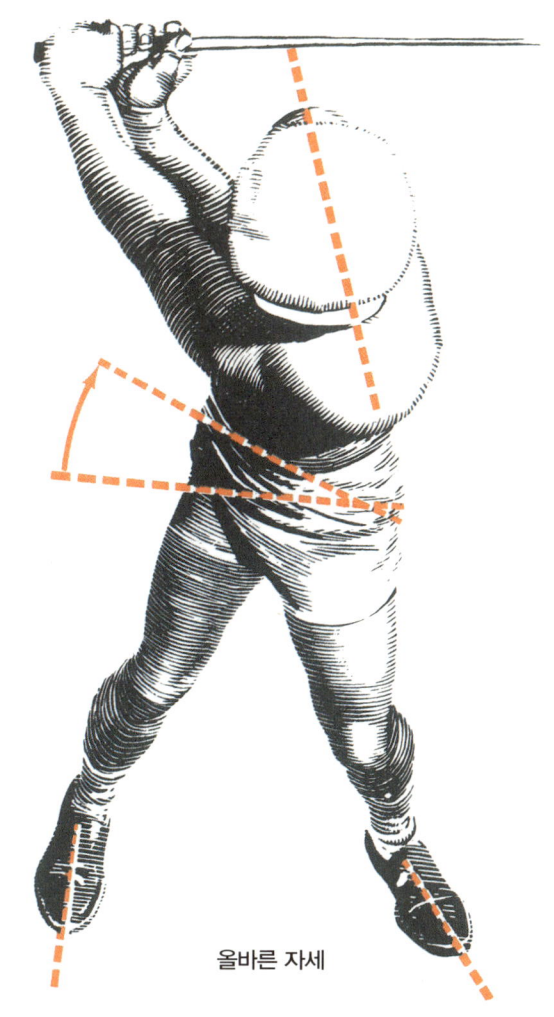

올바른 자세

058

골반을 사용하여 자연스럽게 스윙을 이어가지 못하고 잘못된 곳에서 힘을 끌어온다. 샷에 힘을 실어야 하기 때문이다. 이때 대표적으로 사용하는 부위가 오른쪽 어깨다. 이처럼 잘못된 힘을 스윙에 가하면 신체의 협응은 깨지기 마련이다. 잘못된 근육을 사용하면 올바른 근육의 정상적인 기능을 저해하기 때문이다. 올바른 습관과 근육 기억(muscle memory)을 기르는 일이 중요한 것도 바로 이 때문이다.

어떻게 보면 스윙에서 신체의 각 부위가 기능하는 방식은 영웅과 악당이 등장하는 서부영화의 논리와 크게 다르지 않다. 영웅이 세력을 장악한 순간 악당은 더는 힘을 쓰지 못하기 때문이다.

이어서 팔 모양에 대해 살펴보자. 스윙하는 동안 두 팔 가운데 한 팔은 반드시 펴진 상태로 쭉 뻗어 있어야 한다. 여기에는 아주 명확한 이유가 있다. **우리가 스윙을 하는 동안 한 팔이 반드시 펴져 있어야 클럽이 최대한의 스윙 아크(궤적)를 그릴 수 있기 때문이다.** 만약 백스윙에서 왼쪽 팔꿈치가 구부러지거나 팔로우 스루에서 오른쪽 팔꿈치가 구부러진다면 스윙 아크는 현저히 작아진다. 스윙 아크가 작아지는 것은 클럽이 가속도를 얻을 수 있는 구간을 스스로 단축하는 셈이다.

참고로 클럽의 속도가 빠를수록 당연히 비거리는 늘어난다. 가속하는 자동차에 빗대어 이해해보자. 자동차로 두 블록을 가속했을 때와 다섯 블록을 가속했을 때 과연 그 속도가 같겠는가?

또한 양팔 가운데 한 팔이 항상 펴져 있으면 스윙 아크는 일관성을 유지한다. 이처럼 일정한 스윙 아크를 갖는다면 매번 스윙을 할 때마다 팔을 다르게 구부림으로써 신체의 협응과 스윙 아크가 제각각인 사람보다 일관된 스윙을 가질 확률이 훨씬 높아진다.

왼팔은 어드레스 자세에서 쭉 뻗은 상태 그대로 백스윙까지 곧게 유지된다. 이때 오른팔 팔꿈치는 구부러진다. 다운스윙에서는 왼팔은 쭉 뻗은 상태를 유지하고 오른팔은 서서히 펴진다. 공을 약 30센티미터 지난 지점에서 클럽 헤드의 속도는 정점에 달하는데, 이때 양팔은 모두 완벽히 펴진다. 스윙의 전체 과정에서 유일하게 양팔이 펴지는 순간이다. 이 지점을 통과하면 왼팔 팔꿈치는 접히고, 오른팔은 팔로우 스루가 끝날 때까지 곧게 뻗은 상태를 유지한다. 오른팔은 구부러지고 왼팔은 펴져 있는 백스윙의 데칼코마니라고 생각하면 이해가 쉽다. 전체 스윙 과정에서 임팩트 직후 왼팔이 처음 굽혀질 때까지는 왼팔을 샤프트의 연장선이라는 느낌으로 움직여야 바람직하다. 물론 그 과정에서는 손목의 유연성이 필요하며, 손목은 자연스럽게 꺾이게 된다. 어쨌든 손목은 경첩 역할을 하는 부위이기 때문이다. 요약하자면 전반적으로 왼팔은 곧게 뻗어 있어야 하지만, 손목이나 팔꿈치를 비롯한 어떤 부위도 뻣뻣하게 경직되어 로봇 팔처럼 움직이면 안 된다. 골프는 어디까지나 유쾌한 게임이므로 부자연스럽게 경직되는 행동은 불필요할 뿐 아니라 바람직하지도 않다.

정면에서 본 바람직한 왼팔의 모습

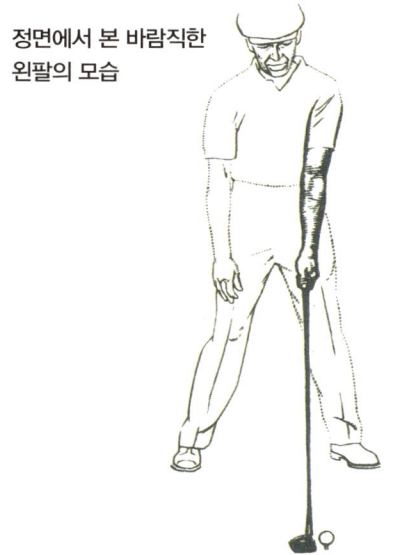

측면에서 본 바람직한 왼팔의 모습

060

골프 스윙에서 팔은 사실상 클럽과 몸을 연결하는 역할을 한다. 따라서 양팔을 서로 가까이 붙일수록 한 몸처럼 움직이며, 이렇게 일체감이 형성되었을 때 스윙이 전반적으로 조화롭게 만들어진다.

양팔의 윗부분은 가슴과 겨드랑이에 바싹 밀착돼 있어야 한다. 나는 의식적으로 양팔 윗부분을 겨드랑이에 강하게 붙이는 편으로, 만약 누군가가 이를 떼어내려면 엄청난 힘으로 잡아 뜯어야 할 정도다. **또한 팔꿈치는 가볍게 구부려 몸에 붙인다. 반드시 몸 밖으로 튀어나오지 않도록 유의한다. 어드레스 자세에서 왼쪽 팔꿈치와 오른쪽 팔꿈치는 각각 왼쪽과 오른쪽 골반뼈를 가리킨다. 아울러 팔꿈치 아래쪽 팔뚝과 손목은 단단하게 고정되어 일체감이 느껴져야 하며, 이 느낌을 스윙의 전 과정에서 내내 유지해야 한다.**

팔꿈치와 관련해 당부하고 싶은 내용이 있다. 양 팔꿈치를 최대한 서로 가깝게 당겨주는 게 중요하다. 이렇게 팔꿈치가 몸에 밀착되어 골반뼈를 가리키면, 팔꿈치 안쪽의 움푹 패인 부분이 팔 중앙에 나란히 정렬되는 모습을 확인할 수 있다. 이 부위가 자연스럽게 하늘을 바라본다면 자세가 제대로 만들어진 것이다. 반면 만약 서로 마주보고 있다면 잘못된 것이다. 이를 활용하여 자세를 제대로 취했는지 확인해도 좋다.

이렇게 만들어진 어드레스 자세에서 왼팔은 상대적으로 곧게 뻗는 반면, 오른팔은 팔꿈치가 살짝 안으로 접히는 것을 느낄 수 있다. 백스윙 때는 이 오른팔 팔꿈치가 밖으로 튀어 나가지 않도록 유의한다. 오른팔 팔꿈치는 어드레스 자세가 올바르게 만들어졌을 때만 몸과 가깝게 접힌다. 또한 오른팔 팔꿈치는 백스윙의 중간까지 최대한 움직이지 않아야 한다. 측면으로 밀리듯 빠져도 안 되고 오른쪽 뒷면으로 미끄러져도 안 된다. 몸에 가까이 붙어 있는 한 항상 지면을 향해야 한다. 이때 오른팔 윗부분을 겨드랑이에 최대한 붙이면 팔꿈치의 움직임을 최소화하는 데 큰 도움이 된다.

LESSON 2
스탠스와 자세

061

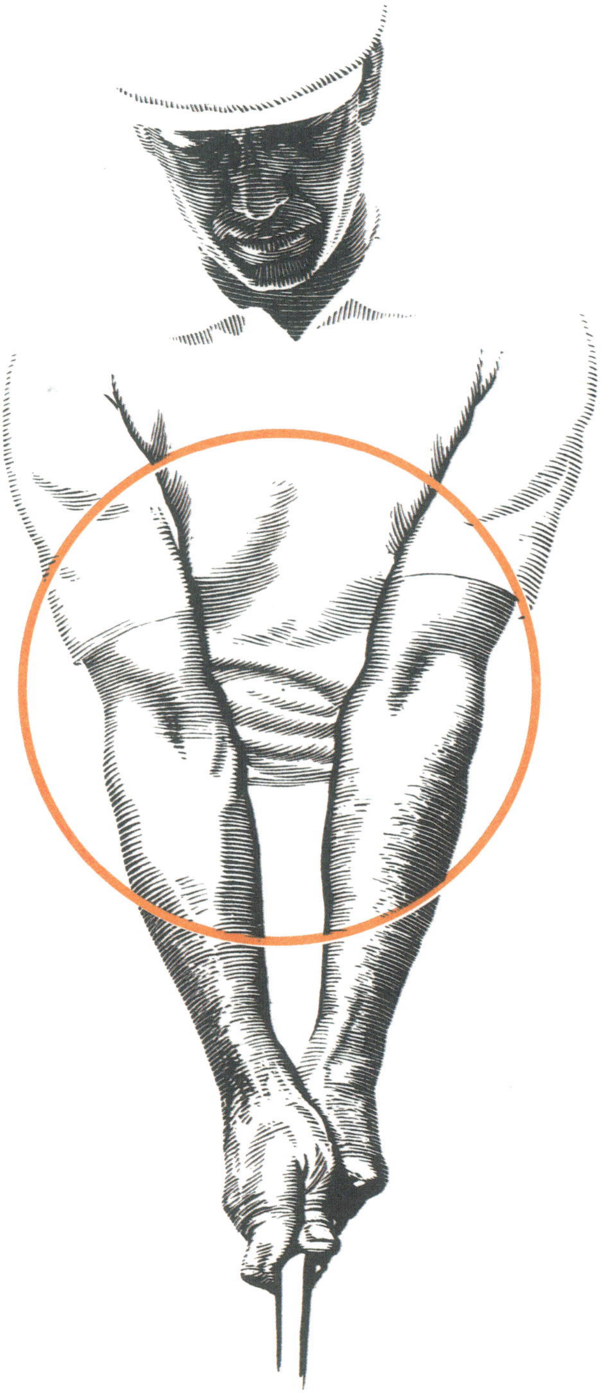

전체 스윙 과정에서 양쪽 팔과
팔꿈치를 최대한 밀착한다.

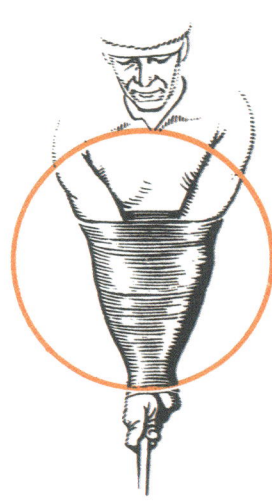

전설의 골퍼가 남긴 위대한 레슨 5
벤 호건 골프의 기본

062

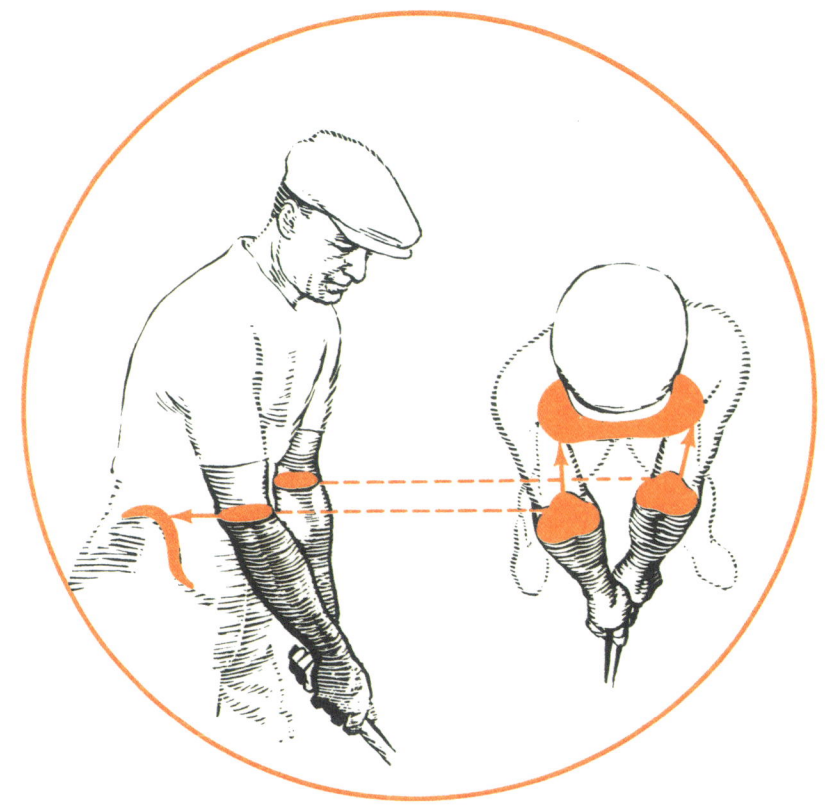

두 방향에서 바라본 팔꿈치와 골반의 위치

어드레스 자세에서 팔의 위치가 올바르게 형성된다면 이상적인 팔의 기능을 끌어내기가 한결 수월해진다. 여기에 충분한 연습이 동반된다면 양팔은 매 스윙마다 일관된 기능을 보여줄 것이다. 마치 로봇처럼 이렇다 할 오차도 없이 동일한 기능을 반복해서 수행한다. 이 동작이 몸에 익으면 양팔과 클럽이 한 몸처럼 작동하는 느낌을 받을 수 있다. 마치 양팔이 이등변 삼각형의 등변을 담당하고, 클럽은 두 변이 만나는 꼭짓점에서 솟아난 첨탑 같다고 할까. 앞뒤로 스윙을 반복하며 연습을 거듭하다 보면 어느새 스윙이 올바른 방향으로 가고 있다는 확신이 생기기 시작할 것이다. '이 스윙이 있다면 항상 일정하게 공을 쳐 보내고

LESSON 2
스탠스와 자세

063

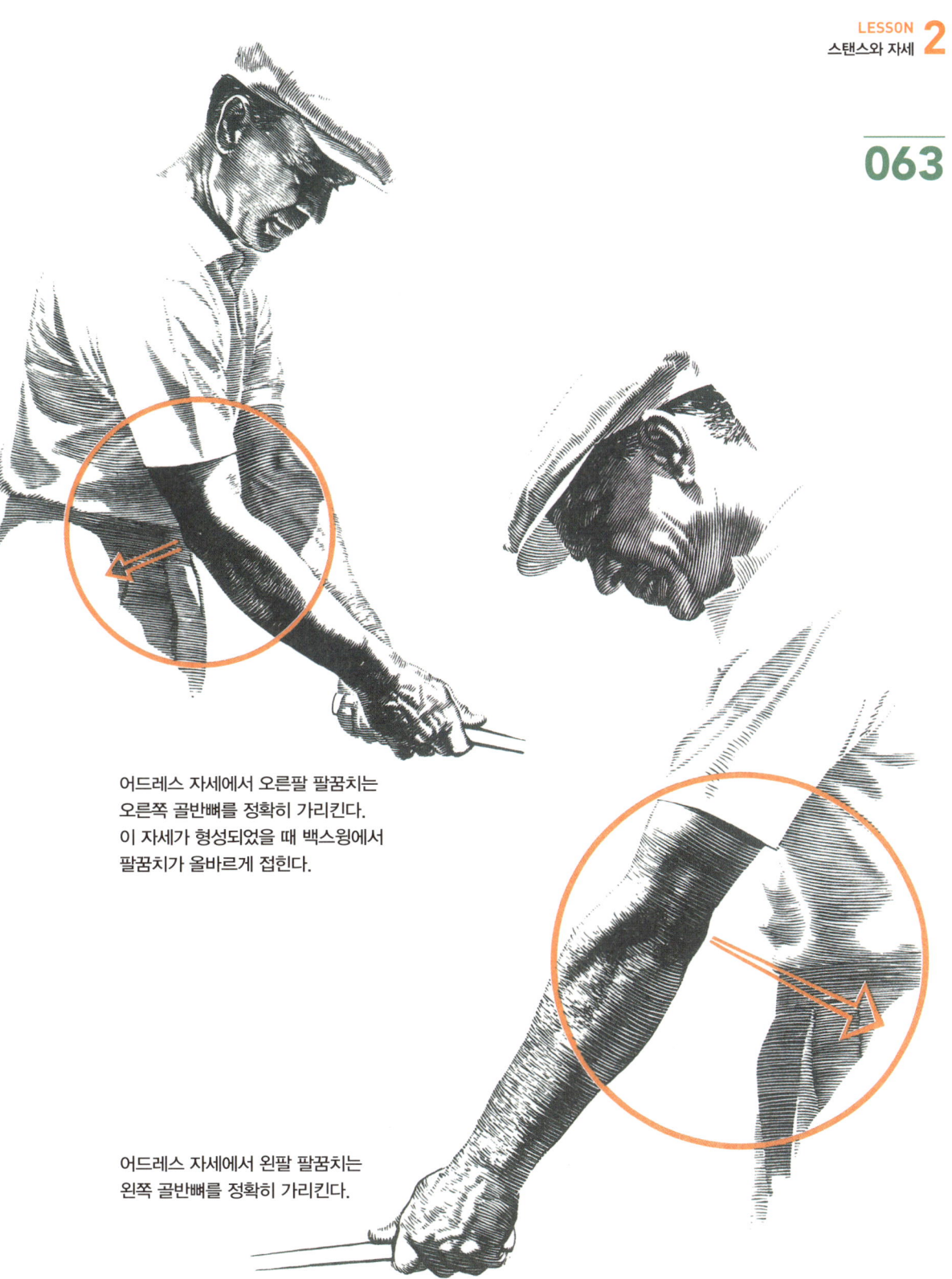

어드레스 자세에서 오른팔 팔꿈치는 오른쪽 골반뼈를 정확히 가리킨다. 이 자세가 형성되었을 때 백스윙에서 팔꿈치가 올바르게 접힌다.

어드레스 자세에서 왼팔 팔꿈치는 왼쪽 골반뼈를 정확히 가리킨다.

클럽을 다시 가져올 수 있겠다'라는 믿음이 점점 더 강해질 것이다. 그리고 실제로 여러분의 스윙은 그렇게 될 것이다.

이제 우리는 제2장 〈스탠스와 자세〉의 마지막 주제로 공 앞에서 자세를 취할 때 몸과 다리를 얼마나 유연하게 구부려야 하는지 알아볼 것이다. 이쯤에서 지나치게 남용되고 오용되는 '이완'이라는 단어에 대해 짚고 넘어가고자 한다. 개인적으로 골프는 다른 어떤 스포츠보다 완전한 이완을 경험하기 어려운 운동이라고 생각한다. 일반적으로 운동선수들은 단순히 몸을 움직이는 동작만으로도 긴장을 상당히 완화할 수 있다. 하지만 일반인들은 정지된 상태에서 스윙을 시작해야 한다는 특성 때문에 과연 정적인 자세에서 정확한 스윙을 할 수 있을까 하는 불안을 자연스럽게 느낀다. 그들이 골프 코스에서 가장 걱정하는 것도 바로 이 문제다.

이 문제를 해결할 방법은 다양한데, 모두 스윙의 본질을 정확히 이해하고 있는지와 관련이 깊다. 가감 없이 이야기하면 우리는 애초에 완벽한 이완 상태에는 도달할 수 없고, 그것이 바람직하지도 않다는 사실을 깨닫는 것이 중요하다. 골프를 치러 나가면서 다소 긴장하는 것은 전혀 문제가 아니다. 어쩌면 당연히 느껴야 하고 너무 자연스러운 일이다. 상당한 집중과 노력이 필요한 일을 하면서 늦은 저녁에 집에서 TV쇼를 보듯 편안한 마음을 기대할 수는 없지 않은가. 내가 아는 한 승부욕이 강한 일류 골퍼들 가운데 완전히 이완된 상태에서 골프를 치는 사람은 예나 지금이나 없다. 모두 토너먼트 경기에 대한 압박감을 느낀다. 다만 모두가 다른 성격을 지녔기 때문에 이를 느끼고 받아들이는 정도가 다를 뿐이다. 존스, 넬슨, 디마렛, 미들코프, 스니드, 사라센, 아머 등 너 나 할 것 없이 긴장감을 표출하든, 그렇지 않든 각자의 방식으로 압박감을 소화한다.

그러나 수동적인 이완과 대비되는 능동적인 이완이라는 개념이 있다. 모든 일류 선수들은 치열한 경쟁으로 인해 압박감이 가득한 상황 속에서도 능동적인 이완 상태를 유지한 채 샷을 준비하고, 실제로 샷을 성공시킨다. 즉, 힘없이 축 처지거나 과도한 긴장으로 뻣뻣하게 굳어 있는 것이 아니라 샷을 수행하는 신체 기관에 생생한 긴장감을 불어넣는다. 음악가들이 악기를 조율하듯 근육을 조율하고 준비하는 과정이라 할 수 있다. 여기서 핵심은 하지 말아야 할 행동보다는 해야 할 일에 집중하는 것이 진정으로 도움이 된다는 것이다.

일반 골퍼들도 토너먼트에 출전하는 투어 선수들과 마찬가지로 정확한 자세를 바탕으로 근육 체계가 제대로 기능할 수 있게 만든다면 올바른 샷을 준비하는 법을 배울 수 있다. **무엇보다 중요한 것은 무릎을 편안하고 적절하게 구부리는 것이다. 양다리는 유연성을 유지하면서도 동시에 생생한 긴장감을 지녀야 한다.** 그러면 나머지 신체 부위는 두 다리의 운동 감각을 자연스럽게 감지한다. 무릎이 이상적으로 필요한 만큼 구부러졌을 때 골반과 어깨도 편안하게 회전할 수 있다. 사실상 모든 동작이 한결 수월해지고 조화를 이룬다. 일류 선수들이 최고의 성과를 기록한 날에는 하나같이 다리가 마음먹은 대로 움직여주었다고 이야기하는 것도 이 때문이다.

우리는 어드레스 자세를 취할 때 평상시의 꼿꼿한 상태에서 몸을 살짝 낮추고 자세를 고쳐 잡는다. 스윙을 실행하기 위해 필요한 균형과 안정감을 얻기 위한 의도적인 행동이다. **무릎을 굽힐 때는 골반을 사용하지 않는다. 허벅지부터 내려가야 한다. 무릎이 구부러진 상태에서 상체는 평소와 같이 세운다. 의자에 앉는다고 생각하면 이해하기 쉽다. 단, 지금 이야기하는 앉는 동작은 야외 운동 경기를 관람할 때 사용하는 기다란 휴대용 관중석에 엉거주춤하게 걸터앉는 느낌과 비슷하다. 따라서 의자의 앉는 부위가 엉덩이보다 약 5센티미터 아래에 있다고 생각하면 좋다.** 이처럼 반쯤 걸터앉은 자세를 취했을 때 몸의 앞뒤, 양옆으로 균형감이 느껴져야 한다. 또한 엉덩이에는 묵직함이 전달된다. 무릎 밑으로는 강한 긴장감을 느낄 수 있는데, 일종의 강력한 탄성 에너지가 충만해지는 듯

전설의 골퍼가 남긴 위대한 레슨 5
벤 호건 골프의 기본

066

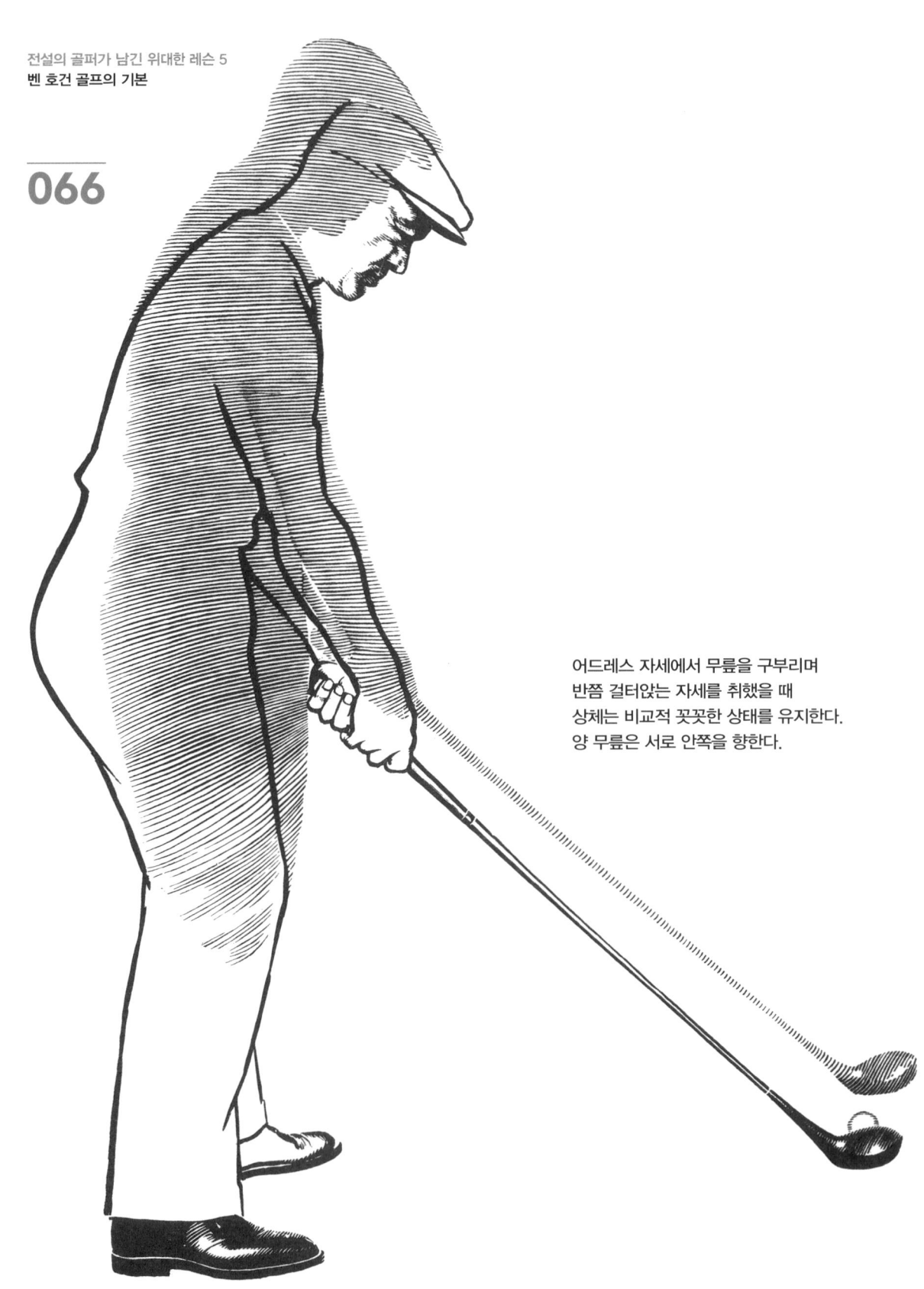

어드레스 자세에서 무릎을 구부리며
반쯤 걸터앉는 자세를 취했을 때
상체는 비교적 꼿꼿한 상태를 유지한다.
양 무릎은 서로 안쪽을 향한다.

LESSON 2
스탠스와 자세

067

골프에서 말하는 앉는 동작이란 5센티미터 정도 몸을 낮춰 기다란 휴대용 관람석에 걸터앉는 모습과 유사하다.

대부분의 일반 골퍼는 잘못된 스탠스와 자세가 전반적인 스윙의 성패를 좌우한다는 사실을 깨닫지 못한다. 양다리가 뻣뻣하게 경직되거나, 반대로 무릎을 과하게 굽히거나, 어깨가 공 쪽으로 구부러지면 처음부터 신체의 균형이 깨진다.

한 느낌을 받을 수 있다. 무게중심은 발가락보다는 발뒤꿈치 쪽에 있기 때문에 신발 안에서 엄지발가락을 들어올릴 수도 있다. 거듭해서 강조하지만, 등은 페어웨이를 걸을 때처럼 펴진 상태를 유지한다. 따라서 어깨도 공 쪽으로 웅크리지 않도록 유의하며, 고개를 숙일 때도 등이나 어깨를 구부리지 말고 목만 숙이도록 한다.

반쯤 걸터앉은 자세를 연습할 때는 클럽을 손에 쥐고 정말 샷을 할 것처럼 정확하게 연습하도록 한다. 공 앞에서 똑바로 서서 양팔을 곧게 뻗으면 클럽 헤드는 공에서 10센티미터 정도 위에 떠 있게 된다. 이 자세에서 몸을 낮춰 반쯤 걸터앉는 자세를 만들면 상체는 엘리베이터가 하강하듯 낮아지고, 이와 함께 클럽 헤드도 내려간다. 이렇게 자세가 완성되면 클럽 헤드는 공에서 2~5센티미터 정도 위에 떠 있게 된다. 그다음 손을 살짝 움직여 클럽 헤드를 공 뒤에 놓는다.

무릎의 움직임에 대해 한마디 덧붙이고자 한다. 스윙하는 동안 무릎은 '서로를 향해' 움직인다. 따라서 시작 단계부터 그 상태를 만들어주면 좋다. 양 무릎을 안쪽을 바라보게 놓는 것이다. 이 자세는 매우 간단하지만 효과적인 방법이라고 생각한다. 스윙하는 동안 무릎의 움직임을 최소화함으로써 다른 동작에 더욱 집중할 수 있기 때문이다.

어드레스에서 양 무릎은 모두 안쪽으로 구부러지는데, 왼쪽 무릎보다 오른쪽 무릎이 약간 더 안쪽으로 굽는다. 오른쪽 무릎이 안쪽을 바라보고 있다면 제대로 '작동'하고 있다는 증거라 할 수 있다. 백스윙에서 오른쪽 다리를 지탱하고, 더 나아가 몸이 오른쪽 측면으로 흔들리는 스웨이 동작을 방지한다. 한편, 다운스윙에서 오른쪽 골반과 다리의 힘이 타깃 방향으로 분출되면 오른쪽 무릎은 다운스윙에 최적화된 위치에 놓인다. 하지만 만약 오른쪽 무릎이 처음부터 전방을 향하거나 열려 있다면 다운스윙에서 추가적인 동작을 통해 무릎을 당겨와야 한다. 그러나 이는 무릎이 두 번 일하게 하는 셈이니 그럴 필요는 없다. 왼쪽 무릎의 경우 어드레스 자세에서 살짝 안쪽을 향하게 하는 것이 백스윙과 다운스윙에서 올바른 왼다리 동작을 보증하는 지름길이다.

전반적으로 요약해보면 우리의 팔과 다리, 몸통은 올바른 자세와 스탠스가 만들어져야만 적절한 균형과 자세를 유지하고, 스윙에 필요한 각자의 임무를 수행한다. 이 순간 우리는 스윙 동작에서 활발하게 움직이는 팔다리 근육에 생생한 긴장감을 느낀다. **반드시 기억해야 할 사항은 활발히 움직이는 근육은 '안쪽 근육'이라는 사실이다. 다리와 허벅지, 양팔의 안쪽을 따라 위치한 근육이다.**

이번 장을 공부하면서 안정적이고 믿을 만한 스윙을 체득하는 것이 상당히 지루하고 고통스러운 과정처럼 느껴졌을 수도 있다. 그러나 꼭 그렇지도 않다. 시작만 제대로 한다면 생각보다 훨씬 빨리 기본자세와 동작을 익힐 수 있다. 물론 상당한 인내심은 동반되어야 한다. 피아노를 전혀 배우지도 않고 〈마이 페어 레이디〉를 칠 수 없듯이, 스윙의 기본기를 건너뛸 수는 없다. 그립과 스탠스, 자세를 정확히 제대로 배우는 일은 피아노를 시작하기 위해 반드시 음계를 연습해야 하는 것과 같다. 곰곰이 생각해보면 골프를 배우는 가장 좋은 방법은 피아노를 배우는 방법과 상당히 닮았다. 매일 조금씩 연습하다 보면 탄탄한 기본기가 쌓이고, 이를 바탕으로 더 어려운 내용을 매일 학습할 수 있다. 그리고 이를 꾸준히 지속하면 결국 실력이 향상된다.

집에서 하는 연습도 아내와 아들딸, 골프 친구와 함께한다면 상당히 유익할 뿐만 아니라 더욱 즐거워진다. 서로 돌아가며 상대방이 잘하고 있는지 확인하고 실수는 서로 고쳐주도록 하자. 여러분도 알다시피 남을 가르치다 보면 자신의 지식을 확인하는 계기가 된다. 만약 혼자 연습하는 것을 더 선호한다면 전신 거울을 활용해 동작을 확인하면서 연습하기를 추천한다.

어떤 연습 방식을 선택하든 연습을 하는 목적은 겉만 번지르르한 스윙이 아닌, 기본기가 탄탄한 스윙을 확립하기 위해서라는 사실을 명심하자. 내 스윙이

전설의 골퍼가 남긴 위대한 레슨 5
벤 호건 골프의 기본

070

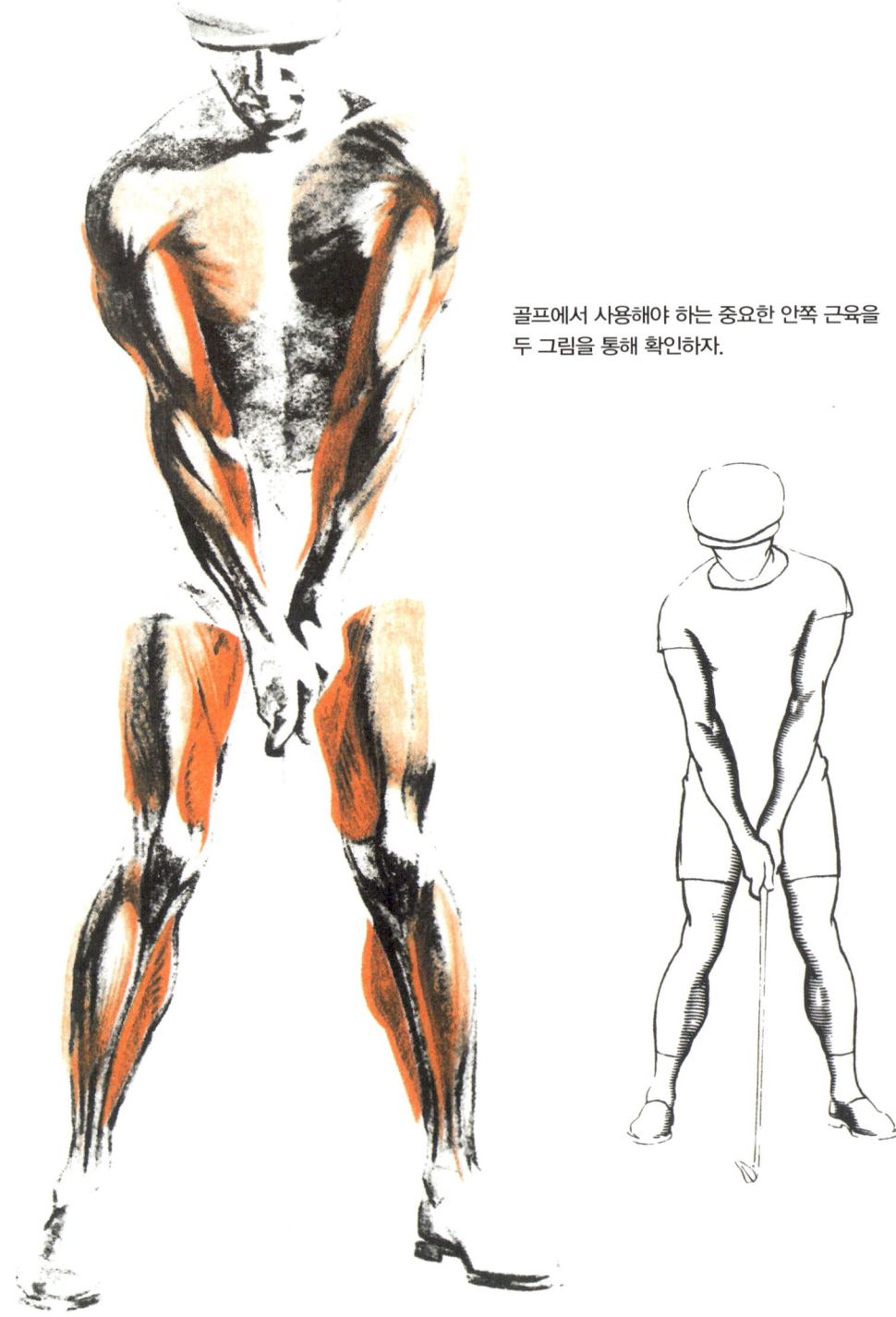

골프에서 사용해야 하는 중요한 안쪽 근육을 두 그림을 통해 확인하자.

LESSON 2
스탠스와 자세

071

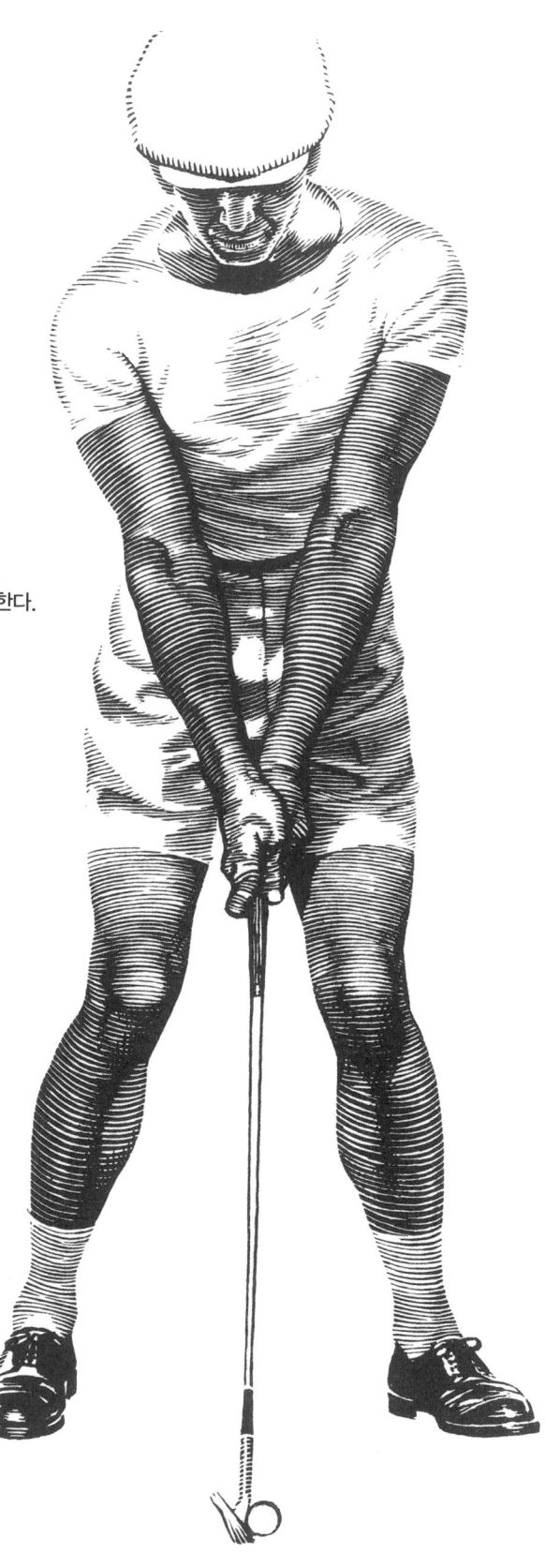

고개를 편안하게 숙인다.

왼팔은 곧게 편다.
오른팔은 가볍게 구부린다.

왼쪽 팔꿈치는 왼쪽 골반뼈를 향하고,
오른쪽 팔꿈치는 오른쪽 골반뼈를 향한다.

양팔은 최대한 서로 가깝게 당긴다.

양 무릎은 안쪽을 향한다.

오른발은 비구선과 직각을 이룬다.

왼발은 4분의 1만큼
왼쪽으로 돌린다.

072

완벽하고 모범적이라고 말할 수는 없지만, 적어도 어떻게 하면 좋은 스윙을 가질 수 있는지는 알고 있다고 자부한다. 여러분이 이 책에 소개된 기본 원칙을 적용한다 해도 내 스윙과 하나부터 열까지 똑같이 할 필요는 없다. 누구나 마찬가지겠지만, 사람마다 체형이나 근육의 배열이 다르므로 스윙의 기본기를 실행하는 방식은 당연히 개인차가 생길 수밖에 없다. 내 말의 핵심은 여러분이 기본기를 완벽히 수행함으로써 똑바로 작동하는 스윙을 지니길 바란다는 것이다.

결국엔 스타일이 기능이고, 기능이 스타일이다. 모든 일류 선수들의 스윙이 근본적으로 비슷한 이유도 이 때문이다. 개인마다 사소한 버릇은 있지만, 큰 줄기에서 그들은 결국 동일한 움직임을 구현한다. 따라서 당신만의 골프 '스타일'을 본 친구들이 즉시 해리 쿠퍼나 맥 스미스를 떠올리더라도 그리 기분 나빠할 필요는 없다.

LESSON 3   THE FIRST PART OF THE SWING

스윙의 전반부

골프를 직업으로 선택한 사람들 가운데 일과 시간의 대부분을 골프 지도에 할애하는 사람들이 있다. 반면 또 다른 부류의 사람들은 이른바 이런 '홈 프로'들과는 달리 토너먼트 출전을 최우선 목표로 투어 생활을 하는 '투어 프로'다. 간혹 지도자와 투어 선수(투어 프로)의 삶을 진지하게 병행하는 사람들도 있지만, 근래에는 선수들 수준이 너무 높아졌기 때문에 토너먼트 경기에 매진하기만 해도 모든 시간이 소요된다. 즉, 요즘에는 한 분야의 전문가가 될 필요가 있다.

이 이야기는 최소한 나에게 해당하는 내용이다. 토너먼트를 준비하고 출전하기 위해 말 그대로 시간과 에너지를 모두 쏟아야만 했기 때문에 누군가를 지도할 시간적 여유가 전혀 없었다. 오히려 연습과 토너먼트 준비를 위한 시간이 부족해서 아쉬울 따름이었다.

이따금 내가 토너먼트 투어 프로 생활에 몰두하지 않았다면, 일류 지도자로 성공할 수 있었을까 자문해본다. 하지만 도무지 확신할 수 없다. 한 가지 확실한 사실은 예나 지금이나 내 성격은 누군가를 가르치기에 최적화된 성격은 아니라는 점이다. 헨리 피카드, 클로드 하먼, 알 와트루스처럼 선천적으로 뛰어난 교습가가 아닌 것이다. 참고로 이들은 투어 시절에 토너먼트 챔피언에 오르기도 했다. 하지만 나는 의욕을 갖고 실력을 향상하고자 하는 제자들에게는 상당히 괜찮은 지도자였다고 생각한다. 프로에 입문한 초창기 시절, 나는 뉴욕주 퍼처스에 위치한 센추리 컨트리 클럽 소속의 프로로 일했는데 이때 사람들을 많이 가르쳤다. 지금 생각해보면 당시 내 지도 방법은 상당히 정석에 가까웠다. 나는 학생들에게 단순히 무엇을 잘못하고 있는지 이야기하지 않았다. 효과적인 방법이 아니기 때문이다. 대신 무엇을 해야 하고, 왜 그것이 맞는지 그리고 그 동작을 통해 어떤 결과가 만들어지는지 설명했다. 그리고 그들이 내 말을 정확히 이해할 수 있도록 열정적으로 설명했다.

일반적으로 학생 스스로 배우고자 하는 능력과 의지는 그 어떤 가르침과도 견줄 수 없는 최고의 선생이다. 내가 일했던 골프장에는 프레드 어만이라는 젊은 회사원이 있었는데 그는 이러한 학습 능력을 지닌 학생이었다. 덕분에 우리는 만족스러운 성과를 이룰 수 있었다. 그는 4월까지만 해도 90타를 치는 골퍼였다. 하지만 5개월이 지난 뒤 70대를 치게 되었고 클럽 챔피언에 올랐다. 전혀 우연이나 요행이 아니었다. 다음 시즌에 안타깝게도 결승전에서 칼 롭 주니어에게 클럽 챔피언을 내주었으나 프레드 어만의 실력은 나날이 발전했다. 모두 1938년과 1939년의 일이다. 골프에 대해 알아갈수록 더욱 배울 것이 많아지고 거의 무한히 배워나간다는 사실은 부정할 수 없다. 1939년까지만 해도 나는 내가 골프의 기본기를 제법 알고 있다고 생각했다. 그러나 당시 내 지식은 훗날에 비하면 덜 정돈되어 있었다. 골프에서 중요한 것들이 무엇인지는 명확히 느끼고 있었지만, 그 중요성을 설명하는 일은 아직 서툴렀다. 1946년에 이르러서야 비로소 골프 스윙의 원리에 대해 진정으로 깨우치게 되었다.

게다가 1946년도에 나는 여러 대규모 챔피언십에서 우승을 차지했다. 이러한 여러 번의 우승이 내가 옳다고 믿었던 것들이 실제로도 옳았음을 방증한다

LESSON 3
스윙의 전반부

075

올바른 백스윙이 만들어지면 양발과 골반, 어깨와 양팔, 양손은 적절한 협응을 통해 골프 스윙의 클라이맥스라 할 수 있는 다운스윙에 진입할 준비를 마친다.

고 생각한다. 내 믿음은 성과를 이뤄냈고 꼭 필요한 시험들을 통과했다.

여러분도 알다시피 제법 괜찮아 보이는 스윙을 갖춘 선수들도 실제 경기에서는 와르르 무너지는 사례가 많다. 그중 일부는 성격상 토너먼트 경기를 이겨내지 못해 무너진다. 하지만 이보다는 치열한 경쟁 과정에서 겉보기에는 그럴싸한 스윙이 실제로는 정확하지 않다는 실체가 드러나 경쟁을 견디지 못하는 경우가 더 많다. 그러나 올바른 스윙은 경쟁을 이겨낸다. 정말 기본기가 안정적인 스윙이라면 부담감이 강한 상황일수록 더욱 확실하게 제 기능을 발휘한다. 나는 지금까지 이야기한 스윙의 진정한 기본 원칙이 옳다고 자부한다. 수많은 경기 속에서 기본 원칙을 실험해왔고, 이 기본기가 옳았음을 증명했기 때문이다.

반드시 짚고 넘어가야 할 부분이 있다. 아무리 기본기가 탄탄한 골퍼라 할지라도 기복은 있기 마련이다. 우리는 인간이기 때문에 매 순간 절정의 기량을 뽐낼 수는 없다. 토너먼트에서 우승하는 날도 있겠으나 항상 그 성과를 독차지할 수는 없는 법이다. 때로는 훌륭한 실력을 가진 동료들이 최상의 기량을 발휘하며 영광을 가져가기도 할 것이다.

내 기준에 따르면 골프의 기본은 다음 네 가지로 구분할 수 있다. 1) 그립, 2) 스탠스와 자세, 3) 스윙의 전반부(어드레스에서 백스윙 탑까지), 4) 스윙의 후반부(다운스윙의 시작부터 팔로우 스루 마지막까지)다. 이번 장에서는 스윙의 전반부를 살펴볼 것이다. 적당한 본능과 협응 감각, 사고력과 함께 근육의 움직임에 대한 통제 능력이 필요한 단계다. 보기보다는 복잡하지 않으니 걱정할 염려는 없다. 사실 백스윙은 몇 가지 동작을 정확하게 이해하고 실행하기만 한다면 간단히 만들어진다. 이것이 골프 샷의 시작이다.

전반적인 스윙에서도 마찬가지지만, 백스윙에서 가장 먼저 강조하고 싶은 점은 다음과 같다. 평균적인 신체 능력을 가진 어느 누구라도 몸통과 양다리, 양팔이 처음부터 올바른 위치에서 준비를 갖춘다면 정확하게 동작을 실행하는 방법을 익힐 수 있다. 이처럼 골프 스윙은 여러 동작이 누적되어 만들어지기 때문에 올바른 그립과 스탠스를 확립해야 한다. 결국 모든 동작은 서로 연결되어 나타나기 마련이다.

예를 들어, 올바른 그립이 만들어지면 왼팔을 따라 겨드랑이까지 이어지는 팔 안쪽 근육에 생생한 긴장감이 느껴진다. 골프 스윙에 필요한 신체 근육들과 협응하는 근육으로, 반드시 활용해야 한다. 이로써 근육의 유기적인 움직임이 형성된다. 다리 근육도 마찬가지다. 발목에서 허벅지를 따라 이어지는 안쪽 근육은 골프에서 중점적으로 사용되는 근육이다. 예를 들어, 이 근육을 제대로 사용한다면 백스윙에서 왼쪽 무릎은 자연스럽게 오른쪽으로 살짝 구부러진다. 무릎이 전방으로 발사되듯 튀어 나가지도 않을 것이고, 무릎이 접히면서 몸 전체가 함께 무너지지도 않을 것이다. 잘못된 동작이 또 다른 잘못된 동작을 낳듯이, 처음부터 올바른 동작을 만들면 다른 움직임도 정확하게 만드는 것이 한결 수월해진다. 이러한 동작들은 연습을 통해 서로 조화를 이뤄 하나의 부드러운 움직임으로 융합된다. 잘못된 스윙은 지루한 고역이지만, 올바른 스윙은 몸으로 느끼는 순수한 기쁨을 선사한다.

'왜글'은 어드레스와 백스윙의 시작을 잇는 다리와 같다. 우리가 목표 방향을 확인하고 어떤 종류의 샷을 구사할지 계산하면, 본능이 그다음을 이어받아 클럽을 앞뒤로 흔드는 왜글 동작을 만든다. 왜글이라는 단어가 아무런 목적 없는 진자운동을 연상시켜서인지 많은 골퍼가 클럽을 어떻게 왜글하는지는 중요하지 않다고 오해한다. 그들은 왜글 동작을 하는 이유가 긴장감을 해소하고 경직된 몸을 푸는 것밖에 없다고 오해한다. 그러나 왜글에는 그 밖에도 훨씬 많은 목적이 있다. 이것이야말로 샷을 할 때 특히 중요한 부분이다. 왜글은 한낱 사소한 몸짓이라기보다는 연습 스윙의 축소판이자 앞으로 치게 될 샷을 예행 연습하는 과정이라 할 수 있다. 클럽을 뒤로 빼는 왜글 동작을 통해 우리는 실제 백스윙에

078

서 클럽이 지나갈 경로를 예습한다. 반면 클럽을 앞으로 보내는 왜글 동작에서는 클럽 헤드가 비구선과 직각을 이루고 공을 정확히 정면(스퀘어)으로 맞출 수 있도록 몸과 클럽의 움직임을 미리 조정한다.

왜글 동작을 통해 샷을 예습하고 머릿속에서 그린 샷의 이미지를 근육에 전달하는 동안 우리는 특정한 라이에서 완벽히 균형 잡힌 샷을 만들 수 있도록 미세한 조정 동작을 수행한다. 즉, 왜글 동작으로 사전에 스윙을 조율하는 것이다. 왜글을 할 때는 어깨를 돌리지 않고 양발도 최소한 조정하는 정도만 움직인다. 주로 움직이는 부위는 손과 팔이다. 클럽을 앞뒤로 왜글하면서 양손과 양팔은 조화로운 리듬과 템포를 양발과 다리에 전달한다. 상체와 어깨는 팔과 다리를 통해 이 리듬을 감지한다. 이로써 우리의 몸은 스윙 동작에서 각각의 기관이 조화롭게 움직일 수 있도록 하나의 리듬감을 형성한다.

왜글 동작의 가장 큰 장점은 내가 어떤 스윙을 할 것인지 실제로 예행 연습하는 효과가 있다는 것이다. 종종 내가 칠 샷에 정신을 극도로 몰두한 나머지, 이 샷을 실패하려 한들 실패할 수 없겠다는 확신이 들 때가 있다. 그럴 때는 어김없이 심지어 클럽을 뒤로 빼기 전부터 이미 샷을 한 번 쳐봤다는 느낌이 든다.

왜글 동작을 제어하는 손은 왼손이다. 오른손은 왼손을 따라 움직인다. **클럽을 뒤로 빼는 왜글 동작을 할 때는 오른쪽 팔꿈치가 항상 오른쪽 골반 앞부분에 있어야 한다.** 보통 바지의 시계 주머니가 있는 부분이다. 이때 왼쪽 팔꿈치는 바깥쪽으로 약간 돌출되고, 팔꿈치 아래쪽 팔뚝은 살짝 돌아간다. 왼손은 공을 약 8센티미터 지나 타깃 방향으로 나간다. 양손을 공 쪽으로 되돌리며 전방으로 왜**글 동작을 할 때도 왼손은 공을 2~5센티미터 지나 타깃 방향으로 튀어 나간다.** 왜글 동작을 하는 동안 팔꿈치 위쪽 팔뚝은 겨드랑이에 밀착된 상태를 유지한다. 앞서 강조한 바와 같이 어깨는 회전하지 않는다.

초심자의 눈에는 숙련된 골퍼의 왜글 동작이 그저 조바심을 덜어내거나 양발

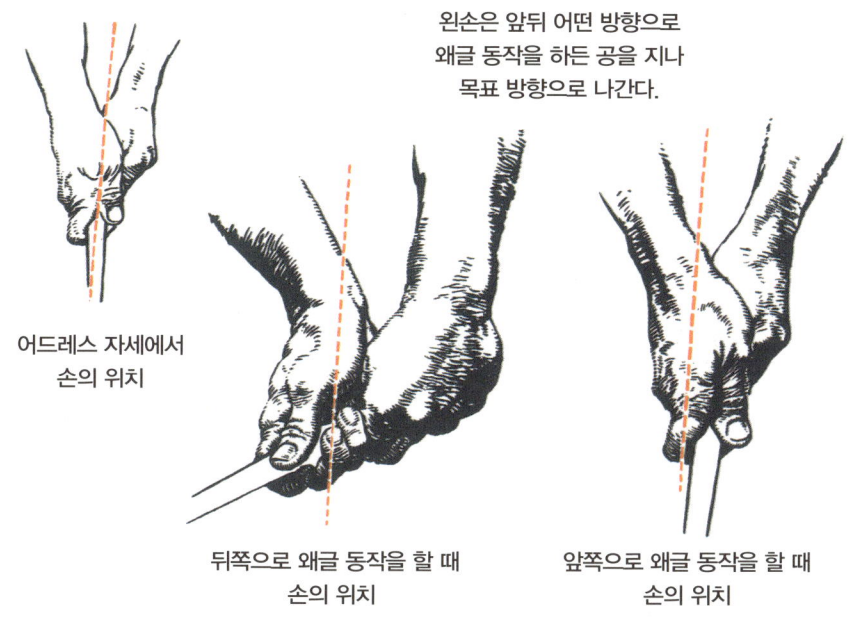

왼손은 앞뒤 어떤 방향으로 왜글 동작을 하든 공을 지나 목표 방향으로 나간다.

어드레스 자세에서 손의 위치

뒤쪽으로 왜글 동작을 할 때 손의 위치

앞쪽으로 왜글 동작을 할 때 손의 위치

의 접지력을 높이려는 몸동작으로 보일 수 있다. 하지만 그들은 앞서 말한 바와 같이 훨씬 큰 목적을 갖고 이 행동을 한다. 앞으로 있을 샷을 조율하고 신체의 협응을 쌓는 것이다. 또한 이제 곧 사용할 몸의 각 부분을 본능적으로 일깨우고, 스윙에 필요한 움직임을 회상하기 위해 주의를 환기하는 것이다.

왜글의 리듬은 어떤 샷을 구사하느냐에 따라 달라진다. **따라서 항상 같은 왜글을 고집해서는 안 된다. 골프에서 샷을 계획하고 실행할 때는 직감이 필요하며, 따라서 이를 준비할 때도 본능에 따라 움직여야 한다.** 예를 들어, 완만한 경사의 그린까지 130야드 남은 지점에서 샷을 준비한다고 가정해보자. 당신은 높은 탄도로 공을 띄워 치기로 마음먹고 7번 아이언을 선택했다. 공을 확실하게 때리고 싶은 마음은 분명하지만, 동시에 그린에 사뿐히 안착할 수 있는 깃털처럼 가벼운 샷을 구현하고 싶을 것이다. 이런 상황에서는 왜글 동작을 부드럽고

전설의 골퍼가 남긴 위대한 레슨 5
벤 호건 골프의 기본

080

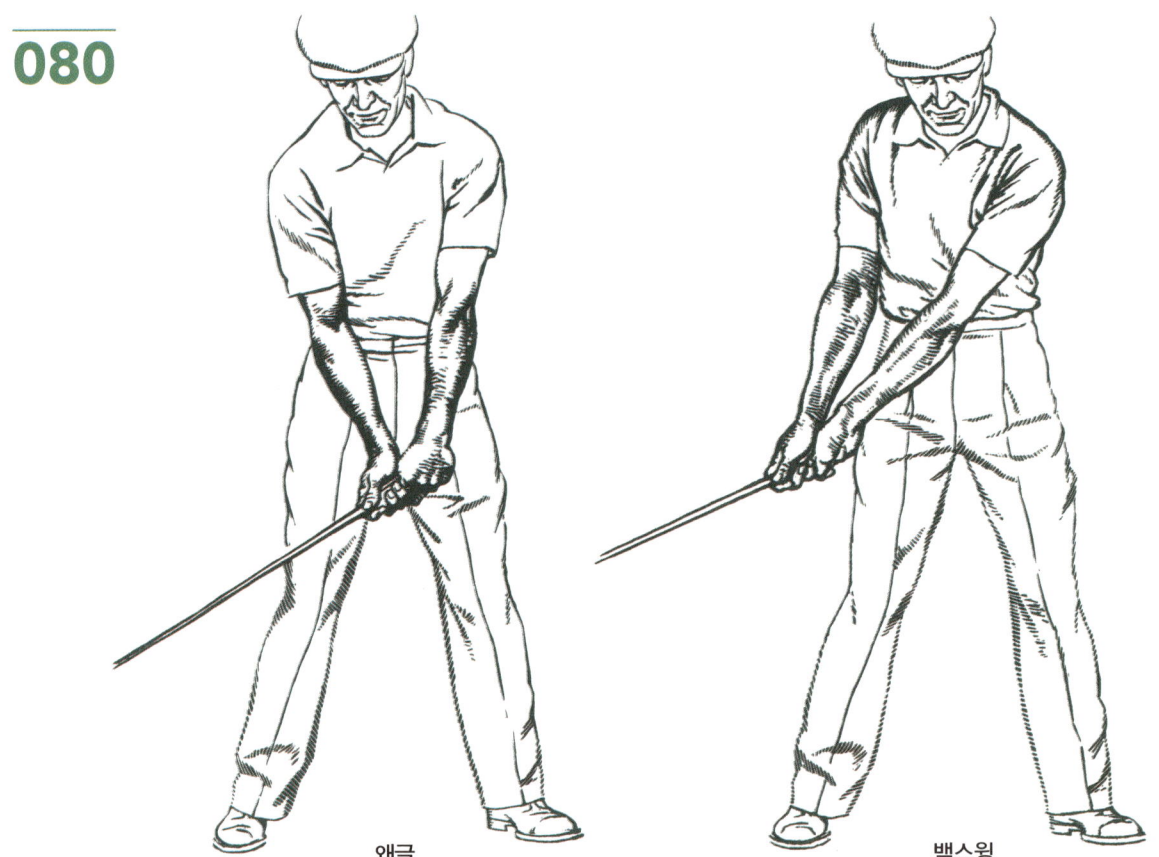

왜글   백스윙

왜글 동작을 할 때는 어깨가 돌아가지 않지만, 실제 스윙에서는 어깨가 회전한다.
백스윙에서 손과 팔, 어깨는 거의 동시에 움직이기 시작한다.

천천히 수행한다. 당연히 실제 샷에서도 적용해야 할 스윙 템포다. 반대로 투온을 하려면 바람을 뚫고 낮게 드라이버 샷을 날려 최대한 비거리를 내야 하는 상황이라고 가정해보자. 이때는 클럽을 훨씬 박력 있고 빠르게, 확신을 담아 앞뒤로 움직여야 한다. 이런 왜글 동작이 뒷받침되었을 때 실제 샷도 그렇게 나올 것이다. 즉, 왜글은 실제 샷을 보여주는 거울이다.

왜글 동작은 실제 스윙의 도움닫기와 같다. 따라서 실제 스윙에 자연스럽게 녹아든다. 어떤 면으로 보나 백스윙은 클럽을 뒤로 빼는 왜글 동작의 연장선에 불과하다. 클럽은 동일한 궤도를 지날 뿐만 아니라 왜글 동작을 통해 처음 설정된 속도로 움직인다. 그러나 왜글과 백스윙 사이에는 반드시 짚고 넘어가야 할 결정적인 차이점이 있다. **왜글 동작을 할 때는 어깨가 돌아가지 않는다. 하지만 실제 스윙에서는 백스윙의 시작부터 어깨가 회전한다. 한편 백스윙은 손과 팔, 어깨가 거의 동시에 움직이면서 시작된다.** 백스윙에서 어깨가 사용된다고 해도 왜글 동작에서 만들었던 패턴이 바뀌지는 않는다. 어깨 회전은 단지 왜글 동작의 아크를 늘릴 뿐이다.

지금까지의 레슨을 통해 골프 스윙은 근본적으로 연쇄 동작이라는 사실을 특별히 강조해왔다. 자동차 엔진의 부품과 마찬가지로 스윙을 구성하는 요소들도 하나의 목적을 향해 서로 조화를 이루며 순차로 작동한다. 각각의 요소는 자신의 역할을 수행함과 동시에 자신과 연결된 다른 요소들이 올바로 기능할 수 있도록 돕는다. 지금 이 시점에 이 이야기를 꺼내는 이유는, 우리가 손과 팔, 어깨와 골반의 상호관계를 명확히 이해하면 골프를 반드시 잘 치게 된다는 사실을 강조하고 싶기 때문이다. 골프를 잘 치지 않고는 못 배길 것이다.

백스윙을 할 때 우리의 몸은 양손, 양팔, 어깨, 골반 순서로 움직인다(다운스윙에서는 정반대인 골반, 어깨, 양팔, 양손 순서로 움직인다). 백스윙에서 양손, 양팔, 어깨는 거의 동시에 움직이기 시작한다. **사실 엄밀히 말하면 양손은 팔보다 조금 먼저 움직이며 클럽을 뒤로 보낸다. 그리고 팔은 어깨가 회전하기 조금 전에 움직이기 시작한다. 연습을 통해 이 느낌과 리듬을 체득하면 양손과 양팔, 어깨는 찰나의 순간에 본능적으로 타이밍을 맞춰 하나로 연결되어 움직이게 된다.** 골프에 갓 입문한 사람이라면 이 동작들이 마치 하나로 보일 만큼 서로 긴밀하게 움직인다는 사실을 명심하자.

082

백스윙에서 어깨는 항상 골반보다 앞서서 회전한다. 어깨는 백스윙과 동시에 즉시 회전하지만, 골반은 그렇지 않다. **양손이 골반 높이에 도달하기 직전에 어깨가 돌아가기 시작하고, 자동으로 골반을 당겨오기 시작한다. 이어서 골반 회전이 시작되면 왼쪽 다리는 오른쪽으로 당겨진다.** 조금 더 자세히 알아보자.

먼저 어깨의 움직임에 대해 알아보자. 어깨는 최대한 많이 회전할수록 좋다. 이때 머리는 당연히 고정해야 한다. 어깨를 끝까지 돌리면 등은 타깃 방향을 정면으로 바라보게 된다. 특유의 유연성으로 정평이 난 샘 스니드는 이보다 훨씬 더 많이 등을 회전한다. 이 또한 괜찮다. 어깨는 많이 돌릴수록 좋기 때문이다. 그러나 대부분의 골퍼는 자신이 백스윙에서 어깨를 완전히 돌린다고 생각한다. 따라서 어깨 회전이 부족하다고 지적받으면 받아들이지 못한다. 하지만 실제로 어깨를 완전히 회전하는 골퍼는 상당히 드물다. 대부분은 어깨가 반쯤 돌아갔을 때 회전을 멈춘다. 그리고 난 뒤 클럽 헤드를 끝까지 빼기 위해 왼팔을 구부리고 만다. 상당히 잘못된 백스윙으로, 전혀 백스윙이 이뤄지지 않았다고 해도 무방하다. 스윙을 시작할 때부터 왼팔이 곧게 펴지지 않았다면 클럽을 통제할 수 없고, 다운스윙에서 그 어떠한 힘과 스피드도 클럽에 전달할 수 없다. 따라서 왼팔을 구부리면 사실상 반쪽짜리 스윙을 한 것이며, 자신의 힘을 반만 쓴 격이 된다. 게다가 더 심각한 문제는 아무런 도움이 안 되는 각종 불필요한 동작들을 불러일으킨다는 사실이다.

어깨 회전이 끝까지 이뤄졌는지 확인하는 방법을 소개한다. **백스윙 탑에서 턱이 왼쪽 어깨 끝에 닿아야 한다.** 정확히 어깨의 어느 부분에 닿는지는 각자의 신체 비율에 따라 달라진다. 나의 경우 어깨 끝에서 약 2~3센티미터 떨어진 지점에 턱이 닿기 때문에 골프 셔츠도 이 부분이 닳아 있다.

이어서 골반의 움직임을 알아보자. 수많은 골퍼가 골반을 지나치게 일찍 회전하는 실수를 범하는데, 이는 상당히 심각한 문제다. 골반 회전이 빨라지면 스윙이 조화를 이루며 올바르게 만들어졌다고 할지라도 그 힘을 온전히 얻기 어렵다. 따라서 백스윙을 시작할 때는 어깨가 회전하면서 저절로 골반을 당겨올 때까지 골반이 움직이지 않도록 고정해야 한다.

일부 유명 선수들은 골반을 많이 돌려야 한다고 주장한다. 하지만 나는 여기에 동의하지 않는다. 골반을 지나치게 많이 회전할 경우 골반과 어깨 사이의 근육에 긴장감을 전혀 느낄 수 없게 된다. 하지만 골프를 칠 때는 이 긴장감이 필요하다. 즉, 몸의 중앙 부위를 꽉 조이는 긴장감이야말로 다운스윙의 핵심을 좌우하는 열쇠라 할 수 있다. 다운스윙은 골반을 다시 왼쪽으로 되돌리면서 시작된다. 골반과 어깨 사이의 근육(은 물론 골반과 함께 움직이는 허벅지의 근육에도)에 팽팽한 긴장감이 비축되었을 때 우리 몸은 비로소 다운스윙을 시작할 준비를 갖춘다. 사실 이 긴장감은 우리의 몸이 자동으로 공을 향해 당겨지게 되는 원동력이다. 골반이 다시 왼쪽으로 되돌아가면 이 회전 동작에 따라 골반의 긴장감은 더욱 강해진다. **그리고 이렇게 강화된 긴장감은 상체의 꼬임을 다시 푸는 역할을 한다. 그 순서는 어깨와 양팔, 양손으로 이어진다. 팽팽한 긴장감은 스윙에 많은 도움이 되어 스윙을 거의 자동적인 움직임으로 만든다.** 어깨와 양팔, 양손은 모두 최적의 순간에 스윙에 진입한다. 각각의 신체 기관에는 이미 팽팽한 긴장감과 힘이 비축되어 있으며 이를 뿜어낼 순간만 기다린다.

골반이 왼쪽으로 되돌아갈 때 골반과 어깨 사이의 근육은 한층 더 팽팽해진다. 마치 자동차 타이어를 교체할 때 나사를 한 번 더 조이는 것과 비슷하다. 골반과 어깨 사이의 근육에 내재된 긴장감이 최대치에 달하면 최대의 속도가 만들어진다. 이 근육의 긴장감이 팽팽할수록 상체는 (골반의 회전과 함께) 더 빠른 속도로 풀어져 그 속도를 양팔과 양손에 전달한다. 상체가 바로 동작에 진입할 수 있도록 도움닫기 역할을 하는 것이다. 이 속도는 궁극적으로 클럽 헤드의 속도를 결정하며, 클럽 헤드의 속도는 결국 최종 비거리를 결정한다.

전설의 골퍼가 남긴 위대한 레슨 5
벤 호건 골프의 기본

084

올바른 백스윙 동작은 양손, 양팔, 어깨, 골반 순서로 이뤄진다.
왼쪽과 아래쪽의 그림은 골퍼가 왜글 동작을 하고,
어드레스 자세로 돌아간 뒤, 이어서 백스윙 탑에 진입하는 연속 동작을 담고 있다.
각 그림을 참고하여 백스윙의 단계별로 주로 작용하는 신체 부위를 확인해보자.
각 그림 위에 표시된 타원형은 백스윙이 진행되는 과정에서
어깨와 골반의 회전량이 어떻게 다른지 나타낸다.

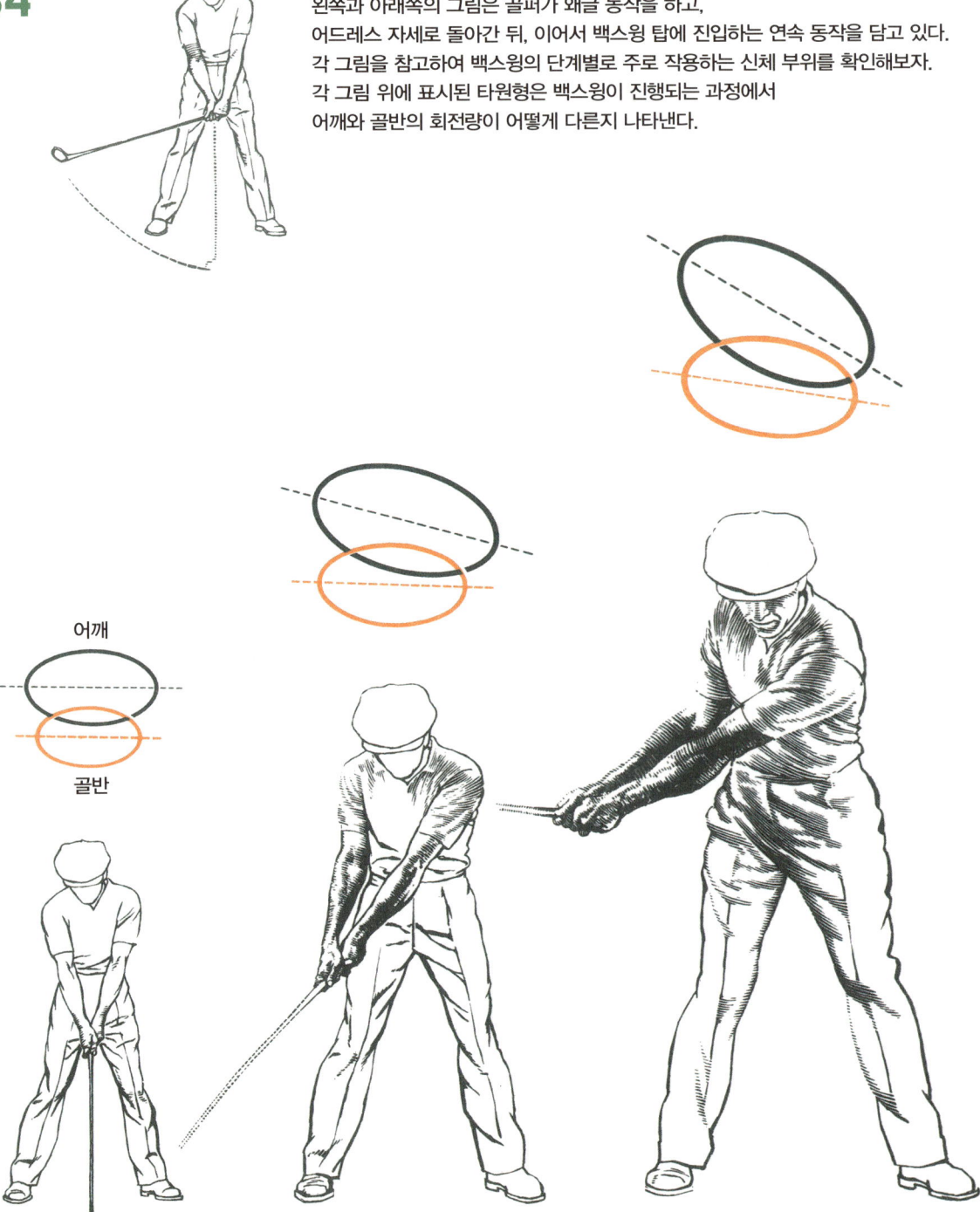

어깨
골반

LESSON 3
스윙의 전반부

085

086

이쯤에서 백스윙에 대해 다시 생각해보자. 아마도 여러분은 어깨를 최대한 회전하고 골반을 잡아둠으로써 상체의 꼬임과 근육의 비틀림을 만드는 것이 왜 이렇게 중요한지 더욱 확실하게 이해했을 것이다. 이러한 근육의 긴장감을 만드는 것은 어깨와 골반의 회전량 차이다. 만약 어깨가 돌아가는 만큼 골반도 돌아간다면 팽팽한 긴장감 따위는 전혀 없었을 것이다.

다리의 움직임을 알아볼 차례다. 골반이 스윙에 진입하면 골반이 돌아가면서 왼쪽 다리는 안쪽으로 당겨진다. 왼쪽 무릎은 오른쪽으로 구부러지고, 왼발은 발바닥 안쪽 부위가 축이 되어 오른쪽으로 말리듯 회전한다. 그리고 왼쪽 다리에 있던 무게중심은 왼발의 엄지발가락 아래에 실린다. **이때 왼발 발꿈치를 지면에서 너무 높이 들지 말라고 당부하고 싶다. 발꿈치를 땅에 붙이는 것은 괜찮다. 그리고 발꿈치를 지면에서 2~3센티미터 정도 떼어도 괜찮다.** 그러나 그 이상은 들지 않도록 한다. 신체의 불균형을 초래할 뿐만 아니라 바람직하지 못한 각종 부작용을 잇달아 낳는다.

몸통과 양다리는 양발을 움직인다. **발의 움직임은 몸통과 다리에 맡겨두자.** 백스윙에서 왼쪽 무릎이 얼마나 구부러지느냐에 따라 왼발 발꿈치가 얼마나 들리는지가 결정된다. 나는 개인적으로 왼발 발꿈치는 전혀 신경 쓰지 않는다. 백스윙에서 왼발 발꿈치가 지면에 붙어 있는지, 1센티미터 또는 2센티미터 떨어지는지는 내 몸과 다리의 움직임에 따라 결정되기 때문에 전혀 중요하지 않다. 따라서 전혀 신경 쓰지 않는다.

반면 오른쪽 다리는 백스윙을 할 때도 어드레스 때와 동일하게 지면과의 각도와 위치를 유지한다. 일반 골퍼라면 몸을 풀거나 실제 게임을 할 때 이를 활용해 스윙을 점검하도록 하자. 오른쪽 다리를 견고하게 유지하고 오른쪽 무릎이 살짝 안쪽을 향한다면 왼쪽 다리가 오른쪽으로 무너져 비틀거리는 스웨이 동작이나 몸이 딸려오는 동작을 방지할 수 있다.

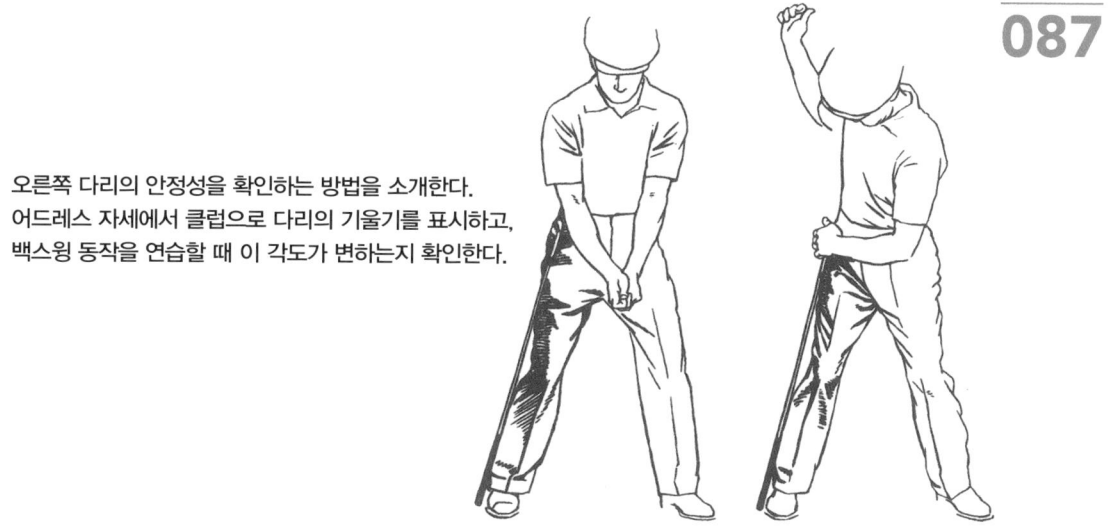

오른쪽 다리의 안정성을 확인하는 방법을 소개한다. 어드레스 자세에서 클럽으로 다리의 기울기를 표시하고, 백스윙 동작을 연습할 때 이 각도가 변하는지 확인한다.

스윙의 전반부를 다루는 이 시점에서 반드시 짚고 넘어가야 하는 중요한 개념이 있다.

바로 스윙 플레인(swing plane)이다. 내가 골프에 몸담는 동안 스윙 아크에 대해 설명하는 사람들은 수없이 많았으나, 스윙 플레인을 설명하는 사람은 거의 없었다. 참으로 안타까운 일이다. 골프 스윙의 역학에 있어서 스윙 플레인은 스윙 아크보다 훨씬 중요한 개념이기 때문이다.

그렇다면 스윙 플레인이란 정확히 무엇일까? 본격적으로 설명하기에 앞서 골프 스윙에는 두 종류의 스윙 플레인이 있다. 백스윙에서의 스윙 플레인과 다운스윙에서의 스윙 플레인이다. 이번 장에서 다룰 백스윙의 스윙 플레인이란 위의 그림에서 자세히 볼 수 있듯 공에서 어깨까지 이르는 경사면의 각도로 간단히 요약할 수 있다. 이 각도의 크기는 두 가지 요소를 바탕으로 결정되는데 첫 번째는 골퍼의 어깨높이이고, 두 번째는 어드레스 자세에서 골프공까지의 간격이다.

088

백스윙에서 스윙 플레인은 일종의 3D 입체 로드맵과 같은 역할을 한다. **따라서 어깨는 스윙 플레인 위에서 회전해야 하며, 어드레스 때 형성된 어깨에서 공까지의 경사도는 끝까지 유지되어야 한다.** 어드레스에서 백스윙 탑에 이르기까지는 **양팔, 양손, 클럽 역시 백스윙할 때와 동일한 기울기를 유지한다.** 이때 왼팔은 가이드 역할을 한다. 어깨와 양팔, 양손이 스윙 플레인의 궤도를 따라 움직인다면, 백스윙이 끝나고 다운스윙이 시작하는 결정적인 순간에 도달했을 때 상체와 양팔의 정확한 정렬이 보장된다. 뒤이어 골반이 회전하면서 다운스윙이 시작되고 상체의 꼬임을 풀어내면 어깨와 양팔, 양손은 차례로 매끄럽고 강력하게 스윙에 들어간다. 달리 말해 스윙 플레인을 지키면서 백스윙을 한다면 골퍼는 사전에 힘을 응집함으로써 다운스윙에서 각 요소가 올바르게 작용할 수 있도록 돕는 것이다. 골반과 어깨, 양팔, 양손의 에너지가 순차로 방출되면서 완벽한 연쇄 동작이 나타난다. 이로써 샷에 모든 것을 쏟아붓고 최대한의 비거리와 정확성을 구현하게 된다. 이러한 골퍼는 스윙을 시작하면서부터 힘이 갖춰졌을 뿐 아니라 다운스윙이 빨라지면서 그 힘이 더욱 커지기 때문에 서투른 골퍼들처럼 인위적으로 힘을 만들기 위해 마지막 순간에 스윙을 망치는 동작을 억지로 만들 필요가 없어진다. 사실 이러한 잘못된 노력은 비거리에도 도움을 주지 못할 뿐더러 방향성도 사방팔방으로 흩어지는 결과를 낳는다. 결국 샷에 쏟는 노력에 비해 대가가 너무 미미하기 때문에 골프는 실망스러운 운동으로 전락한다. 그러나 백스윙 플레인을 지키고 힘을 적절하게 비축함으로써 올바른 스윙을 구축하고 연쇄 동작을 사전에 준비한 골퍼라면 골프는 한없이 즐거운 행복이 된다. 노력에 대한 대가를 십분 거둬들이는 셈이다.

스윙 플레인은 모든 골퍼에게 절대적으로 표준화시켜 적용할 수는 없다. 올바른 스윙 플레인의 경사도는 개인의 신체 조건에 따라 달라지기 때문이다. 예를 들어, 신체 비율상 팔보다 다리가 짧은 골퍼는 완만한 스윙 플레인이 만들어진다. 이와 정반대로 팔에 비해 다리가 긴 골퍼는 매우 가파른 스윙 플레인 각도가 형성된다. 따라서 엄밀히 따지면 완만한 스윙 플레인을 가진 사람을 모두 '플랫 스윙어(flat swinger)'라고 하거나 가파른 스윙 플레인을 가진 사람을 모두 '업라이트 스윙어(upright swinger)'라고 하는 것은 잘못됐다. 그들의 신체 비율상 자연적으로 평균적인 체형을 가진 사람보다 완만하거나 가파른 스윙 플레인이 만들어질 수 있기 때문이다. 그러나 팔과 클럽을 본인의 스윙 플레인보다 훨씬 아래로 떨어뜨려 스윙하면 고유의 스윙 플레인 각도와 관계없이 매우 완만한 스윙이 나온다. 동일한 이치로 클럽을 스윙 플레인보다 높이 세울 경우 상당히 가파른 스윙이 만들어진다.

스윙 플레인이란 무엇이고, 우리의 스윙에 어떤 영향을 미치는지를 가장 쉽게 상상하는 최고의 방법을 소개한다. 동그랗게 구멍이 뚫린 거대한 유리판을 마치 칼을 쓰듯 머리에 쓰고 어드레스 자세를 취한다고 상상해보자. 그 가상의 유리판은 공에서 시작하여 우리의 양쪽 어깨에 기대어져 있다. **만약 백스윙이 올바르게 만들어진다면 양팔이 골반 높이까지 왔을 때 팔은 스윙 플레인과 평행을 이루고, 백스윙 탑에 이를 때까지 유리 평면 바로 아래에서 그 평행 상태를 유지한다. 백스윙 탑에서 곧게 펴진 왼팔부터 공까지의 경사도는 유리면의 경사도와 정확히 일치해야 한다.** 실제로 왼팔은 가상의 유리판을 스치듯 움직인다. 양어깨도 마찬가지로 백스윙에서 어깨의 끝부분이 유리면을 스친다.

골프를 치면서 범하는 실수 가운데 팔과 클럽이 이상적인 스윙 플레인보다 약간 아래에서 움직이는 것은 그다지 심각한 문제가 아니다. **하지만 팔을 스윙 플레인 위로 들어올림으로써 유리판이 깨진다면 절망적인 결과를 초래한다.** 골프 실력이 부족한 사람들은 백스윙을 하는 내내 이 실수를 반복하는데, 특히 백스윙 탑에 가까워졌을 때 가장 빈번하게 실수를 저지른다. 즉, 양손이 어깨높이 정도까지 올라왔을 때 갑자기 양팔을 하늘을 향해 거의 수직으로 들어올림으로

전설의 골퍼가 남긴 위대한 레슨 5
벤 호건 골프의 기본

090

백스윙 플레인을 이해하기 위해 공에서부터 시작해 어깨에 놓인 거대한 유리판을 상상해보자. 백스윙에서 양팔이 골반 높이까지 왔을 때 팔은 스윙 플레인과 평행을 이루고, 백스윙 탑에 이를 때까지 유리 평면의 바로 아래에서 평행을 유지한다. 백스윙에서 클럽을 뒤로 뺄 때부터 이 같은 평행 상태가 만들어진다면 이상적이겠으나, 우리 몸의 선천적인 구조상 클럽을 쥔 상태에서는 골반 높이에 도달하기 전까지 평행을 만들 수 없다.

LESSON 3
스윙의 전반부

091

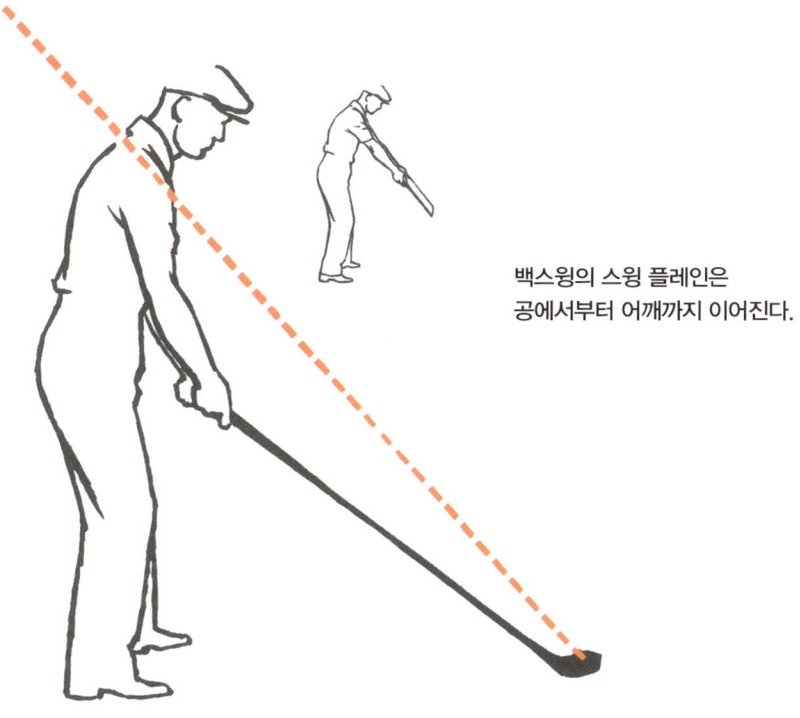

백스윙의 스윙 플레인은
공에서부터 어깨까지 이어진다.

써 유리는 물론 샷까지도 산산조각으로 부숴버린다. 손과 팔, 팔꿈치는 제 멋대로 구부러진 상태에서 훨씬 가파르고 완전히 잘못된 스윙 플레인으로 백스윙을 마무리하게 되는 것이다. 이처럼 도저히 손쓸 수 없을 정도로 자세가 흐트러지면 다운스윙에서 애써 이를 바로잡는 동작이 나오게 된다. 그러나 결국에는 항상 기상천외한 방식으로 엉뚱한 방향을 향해 공을 쳐버리기 일쑤다. 상당히 공을 잘 치는 사람 중에서도 백스윙 탑에 가까워질 때 스윙 플레인 위에서 아크를 그리는 실수를 범하는 이들이 제법 있다. 그들이 종종 어처구니없는 실수를 하는 이유도 이 때문이다. 나름의 보상 동작을 할지라도 이를 완벽히 습관화하기 어렵기 때문에 공은 페어웨이 양쪽으로 나가고 만다.

만약 여러분이 일주일 동안 매일 30번씩 백스윙을 연습한다면 생각보다 훨씬 빠르게 올바른 동작을 체득하게 될 것이다. 또한 스윙의 후반부로 넘어갈 때 최대한의 학습 효과를 이끌어낼 만큼 발전해있을 것이다.

전설의 골퍼가 남긴 위대한 레슨 5
벤 호건 골프의 기본

092

가파른 스윙 플레인

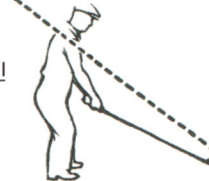
완만한 스윙 플레인

위아래 그림에서 볼 수 있듯 양팔과 클럽은
백스윙의 모든 단계에서 유리판 아래에 머물러 있어야 한다.

LESSON 3
스윙의 전반부

연습할 때는 매일 10분씩 왜글 동작에 투자하도록 한다. 이와 관련해 한 가지 덧붙이고 싶은 말이 있다. 일반 골퍼가 샷을 준비하다 보면 정말 우연히도 한 두 가지 핵심을 완벽히 수행하는 날이 가끔 있다. 사실 그 핵심이 무엇인지조차 전혀 모르지만 이를 해내고, 그 결과로 상당히 좋은 플레이를 만든다. 그러나 그 외의 거의 모든 상황에서는 어드레스를 취할 때부터 상당히 불안해하고 자신감을 잃는다. 어떻게 하면 올바른 느낌을 되찾을 수 있을지 고군분투하지만, 결국에는 당혹감만 느끼게 된다. '오늘은 그 느낌이 안 오네. 아무것도 느껴지지 않아'라며 당황스러움을 감추고 스스로를 합리화한다. 그러나 우리는 이미 그 감각을 느끼지 않았던가. 만일 그립과 스탠스를 점검하고 적절한 왜글 동작을 했다면 그 감각이 되살아나 이를 충분히 활용할 수 있었을 것이다.

두 번째로 추천하는 연습은 스윙을 손이 아닌 팔과 몸에 맡길 수 있도록 단련하는 운동법이다. 어드레스 자세에서 양팔과 팔꿈치를 겨드랑이에 단단히 붙인 채 시작한다. 최대한 과장하듯 몸에 바싹 붙이도록 한다. 양팔을 괘종시계의 시계추처럼 곧게 뻗은 상태에서 몸의 회전을 따라 양팔이 백스윙 탑의 중간만큼 뒤로 빠졌다가 팔로우 스루의 중간만큼 앞으로 뻗을 수 있도록 만든다. 이렇게 앞뒤로 하프 스윙을 반복한다. 뒤로 스윙을 할 때는 왼쪽 무릎과 오른쪽 팔꿈치를 굽히고, 앞으로 스윙을 할 때는 오른쪽 무릎을 굽힌 뒤 잇따라 왼쪽 팔꿈치를 구부린다. 이 동작을 반복하다 보면 골반, 즉 몸통으로 클럽을 스윙하고 있다는 느낌을 받을 수 있다. 이 운동법은 풀스윙을 통해 얻고자 하는 기본 지식과 감각을 극대화하는 데 큰 도움이 된다. **즉 양팔의 동작은 몸통의 움직임에 따라 이루어지며, 양손은 클럽을 견고하게 쥐고 있을 뿐 아무런 의식적인 동작도 하지 않는다.**

마지막으로 백스윙을 끝까지 하는 연습도 상당히 중요하다. 올바른 스윙 플레인을 머릿속에 그린 다음에 백스윙에서 양팔이 스윙 플레인을 따라 움직일

전설의 골퍼가 남긴 위대한 레슨 5
벤 호건 골프의 기본

094

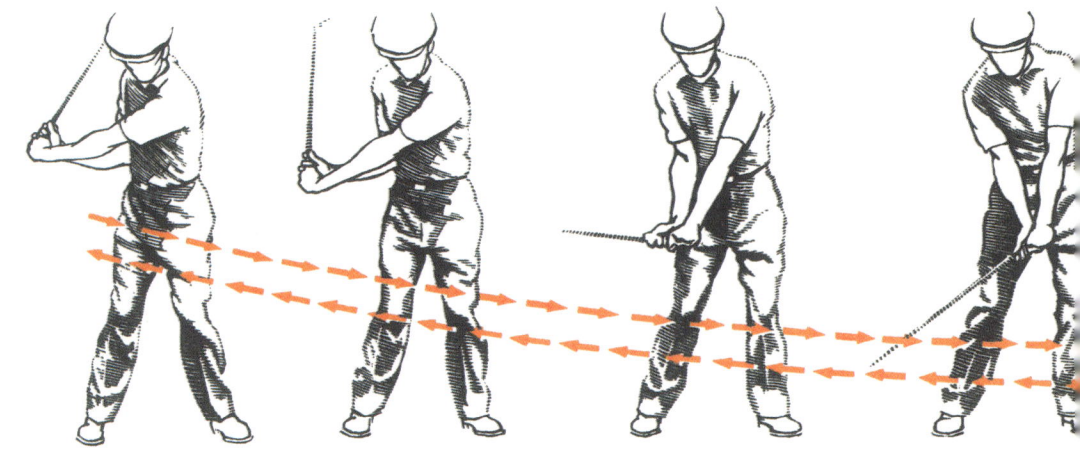

앞뒤로 하프스윙을 반복하는 훈련 방법이다.
앞뒤로 스윙을 반복하면서 몸통이 양팔을 시계추처럼 흔들어주는 느낌을 기억하자.
팔꿈치는 겨드랑이에 단단히 밀착되어 있어야 한다.

수 있도록 노력한다.

내 골프 친구 가운데 꽤 많은 이가 스윙 플레인이라는 개념을 익힌 뒤로 놀라운 효과를 경험했다고 말했다. 그 어떤 훈련 방법보다 효과적으로 오래된 나쁜 습관을 버리고, 너무나 자연스럽게 올바른 동작을 익힐 수 있어서 믿을 수 없을 정도라고 고백했다.

하지만 나는 믿는다. 나는 스윙 플레인이라는 개념을 바탕으로 백스윙을 정립하기 전까지만 해도 내 백스윙에 한 번도 만족하지 못했고, 앞으로도 그러지 못하리라 생각했다.

1938년 무렵 나는 내 바람과는 달리 일관성이 떨어져 의지할 수 없는 백스윙 때문에 골머리를 썩이고 있었다. 그러다 백스윙 탑에서 클럽이 '매번 일정하게 도달하는 자리'를 찾을 수 있을까 고민하기 시작했다. 만약 백스윙에서 매번 이 자리에 도달할 수만 있다면 일관성 문제는 해결될 터였다.

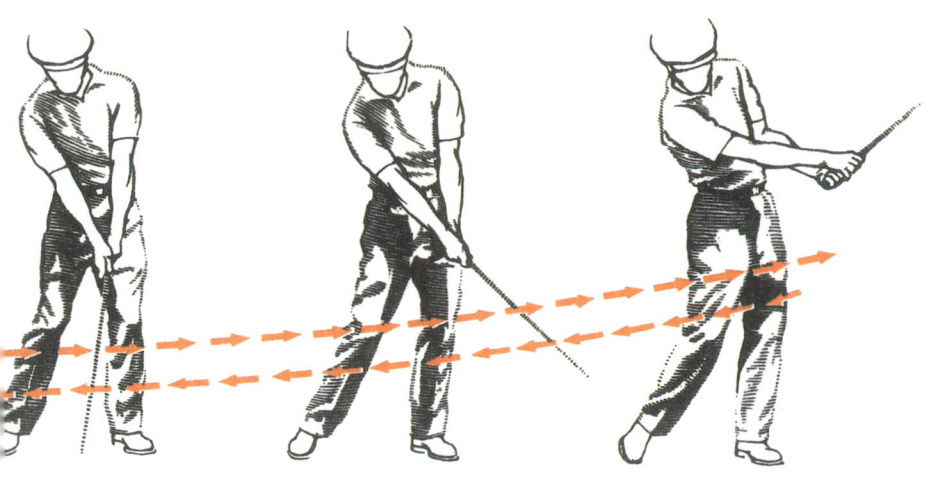

 이후 나는 스윙 플레인에 대해 더욱 골똘히 연구하기 시작했다. 실험을 거듭한 결과 스윙 플레인을 따라 백스윙을 한다면 클럽은 매번 일정한 자리에 도달할 수 있다는 확실한 결론을 내릴 수 있었다. 따라서 만약 이것이 가능하다면 백스윙 플레인의 탑에서는 매번 그 길의 끝을 찍을 수 있었다. 나는 스윙 플레인을 따라 스윙을 연습했고 마침내 내 백스윙이 안정적이라는 자신감도 얻을 수 있었다. 스윙 플레인은 나의 모든 스윙과 모든 경기 그리고 나의 모든 태도에 도움이 되었다. 내가 진정 챔피언 수준의 골퍼로 거듭날 수 있겠다고 최초로 생각한 순간도 이쯤이었음을 솔직히 고백한다.

LESSON 4   THE SECOND PART OF THE SWING

스윙의 후반부

골프를 하며 느낄 수 있는 최고의 기쁨 가운데 하나는 공을 정확히 맞추자마자 느껴지는 짜릿한 감각이 아닐까. 깃대를 향해 뻗어가는 샷 정도가 아니라면 이러한 기쁨에 견줄 만한 경험은 드물 것이다. 우리는 정확하게 공을 때리는 순간 바로 그 느낌을 감지한다. 특유의 달콤한 손맛이 클럽 헤드를 타고 올라와 양팔과 온몸을 휩쓸기 때문이다. 하지만 아무리 뛰어난 선수라 할지라도 매번 이렇게 훌륭한 샷을 칠 수는 없다. 골프는 본질적으로 실수의 게임이기 때문이다. 생각할 줄 아는 노련한 골퍼라면 누구나 이 사실을 알기 때문에 그들은 기본기가 탄탄한 스윙을 갖추려고 노력한다. 비록 자신이 '실수'하더라도, 그 실수가 사실은 전혀 나쁜 샷이 아니라 적당히 잘 쳤고, 충분히 정확하며, 확실히 쓸 만한 샷이 될 수 있기 때문이다.

이번 장에서는 스윙의 여러 단계 중에서 실제로 공을 치는 과정을 다루고자 한다. 다운스윙의 시작에서부터 팔로우 스루의 마지막까지 해당하는 스윙의 후반부는 두말할 필요 없이 가장 중요한 부분이다. 우리가 캐디백에서 클럽을 꺼내는 순간부터 하는 모든 행동이 빛을 발하느냐, 발하지 못하느냐가 정해지는

LESSON **4**
스윙의 후반부

097

다운스윙은 골반을 왼쪽으로 회전시키면서 시작된다.
이어서 어깨와 양팔, 양손이 순서대로 각각의 힘을 방출한다.
이와 같은 연쇄 동작으로 인해 최고의 속도가 만들어지고
팔로우 스루의 마지막까지 우리의 몸을 이끌어간다.
이 힘은 몸통에서 팔 그리고 손으로 전달된다.
물리학의 연쇄 반응처럼 전달을 거듭할 때마다
힘과 속도가 비약적으로 증대된다.

전설의 골퍼가 남긴 위대한 레슨 5
벤 호건 골프의 기본

098

순간이기 때문이다. 내 레슨법에 따르면 스윙이란 연쇄 동작의 산물이기 때문에, 각 동작은 이전 동작의 직접적인 결과다. 따라서 곧바로 다운스윙의 방법론으로 들어가기 앞서 백스윙의 스윙 플레인을 간략하게 복습한다면 상당히 도움이 되리라 생각한다. 제3장에서 살펴본 바와 같이 백스윙에서 스윙 플레인을 따르며 스윙한다면 백스윙이 끝나고 다운스윙이 시작되는 결정적인 순간에 올바르고 힘 있는 자세가 보증된다.

공 앞에서 어드레스 자세를 취하면 백스윙 플레인의 각도가 결정된다. 공에서부터 어깨 꼭대기까지 이르는 가상의 선이 만드는 기울기라고 할 수 있다. 우리가 이 스윙 플레인을 따라 어깨를 회전하고 팔과 클럽을 백스윙하면 백스윙 탑에서 왼팔은 곧게 펴질 것이고, 왼팔과 공까지의 각도는 스윙 플레인의 각도와 일치할 것이다. 참고로 클럽을 뒤로 빼는 백스윙 동작에서 양팔과 클럽은 스윙 플레인보다 아래로 떨어져도 안 되고, 무엇보다 스윙 플레인 위로 들려서는 절대 안 된다. 우리에게 더 중요한 기능적 측면을 살펴본다면, 이렇게 스윙 플레인을 따를 경우 어깨와 양팔, 양손은 다운스윙을 하기 위한 완벽한 위치에 놓이게 된다.

수많은 나의 친구가 이처럼 스윙 플레인의 관점에서 생각하는 방법을 익힘으로써 놀라울 만큼 스윙을 향상시키고 안정시킬 수 있었다. 스윙 플레인은 그 어떤 시각적인 교수법보다도 올바른 백스윙 동작을 **몇 번이든** 자연스럽게 되풀이하도록 하는 데 도움이 된다. 오른쪽 팔꿈치를 적당히 안쪽으로 굽히고, 왼팔은 곧게 뻗어주되 너무 뻣뻣하게 경직되지 않은 상태에서 어깨를 끝까지 돌려준다. 양손은 일절 의식적인 노력도 없이 자연스럽게 구부러지고(코킹), 왼손 손등은 왼팔 팔뚝과 손목의 연장선처럼 일직선으로 곧게 펴진다. 백스윙을 하는 동안 양팔과 상체는 올바르게 정렬될 뿐 아니라, 이러한 여러 구성 요소는 **몇 번이든 반복해서** 신체의 준비를 갖춤으로써 다운스윙의 순간이 되면 언제든지 에너지를 방출할 태세로 적정 수준의 긴장감을 생생하게 근육에 유지한다.

나는 누군가의 스윙을 살피고 평가할 때 항상 그들의 백스윙이 스윙 플레인 선상에서 움직이는지를 확인한다. 그들의 몇 미터 뒤에서 비구선을 바라보고 선 뒤, 스윙 플레인의 각도를 따라 경례 자세를 취하듯 팔을 든다. 이렇게 하면 그들이 백스윙을 하는 동안 스윙 플레인을 따라 클럽을 움직이는지 관찰할 수 있다. 만일 스윙 플레인을 이탈하여 백스윙을 한다면 스윙이 안정적으로 확립되어 있지 않고, 이에 따라 압박감이 큰 상황에서는 일관된 스윙을 할 수 없음을 뜻한다.

다운스윙의 스윙 플레인은 백스윙의 스윙 플레인과는 다소 차이가 있다. **다운스윙의 스윙 플레인은 백스윙에 비해 경사도가 비교적 완만하며 공과의 방향에도 차이가 있다.** 우리가 다운스윙을 시작하며 골반을 다시 왼쪽으로 회전하면 스윙 플레인을 의식적으로 바꾸려 생각하지 않아도 자연스럽게 두 번째 스윙 플레인에 진입한다. 우리 몸은 왼쪽으로 이동하고, 오른쪽 어깨는 자동으로 낮아진다. 여러분은 앞서 백스윙의 스윙 플레인을 공부하면서 공에서부터 어깨까지 비스듬히 놓인 거대한 유리판을 칼처럼 머리에 쓴 채 어드레스를 취한 모습을 상상해보았다. 다운스윙에서는 몸이 좌측으로 이동하고 자연스럽게 오른쪽 어깨가 낮아지면서 유리 경사면도 다른 방향으로 이동한다. 즉, 경사면의 축은 더는 비구선과 일치하지 않고, 타깃의 살짝 오른쪽을 가리킨다. 가상의 유리판 또한 비스듬히 기울어져 기존에 지면에 닿았던 모서리는 살짝 땅에서 들리게 된다. **우리가 올바른 다운스윙의 스윙 플레인 선상에서 스윙을 한다면 인 아웃 궤도로 공을 칠 수 있게 된다.** 인 아웃 궤도로 공을 치면 스윙에 최대한의 힘을 실을 수 있고, 따라서 클럽 헤드의 스피드를 최대한으로 이끌어낼 수 있다. 또한 스윙의 어떠한 단계에서도 보상 동작을 할 필요가 전혀 없어진다.

참고로 너무 앞서가려는 것은 아니지만, 다운스윙을 골반이 아닌 어깨와 손의 힘으로 잘못 시작할 경우 올바른 스윙 플레인에 올라탈 수 없을 뿐 아니라

100

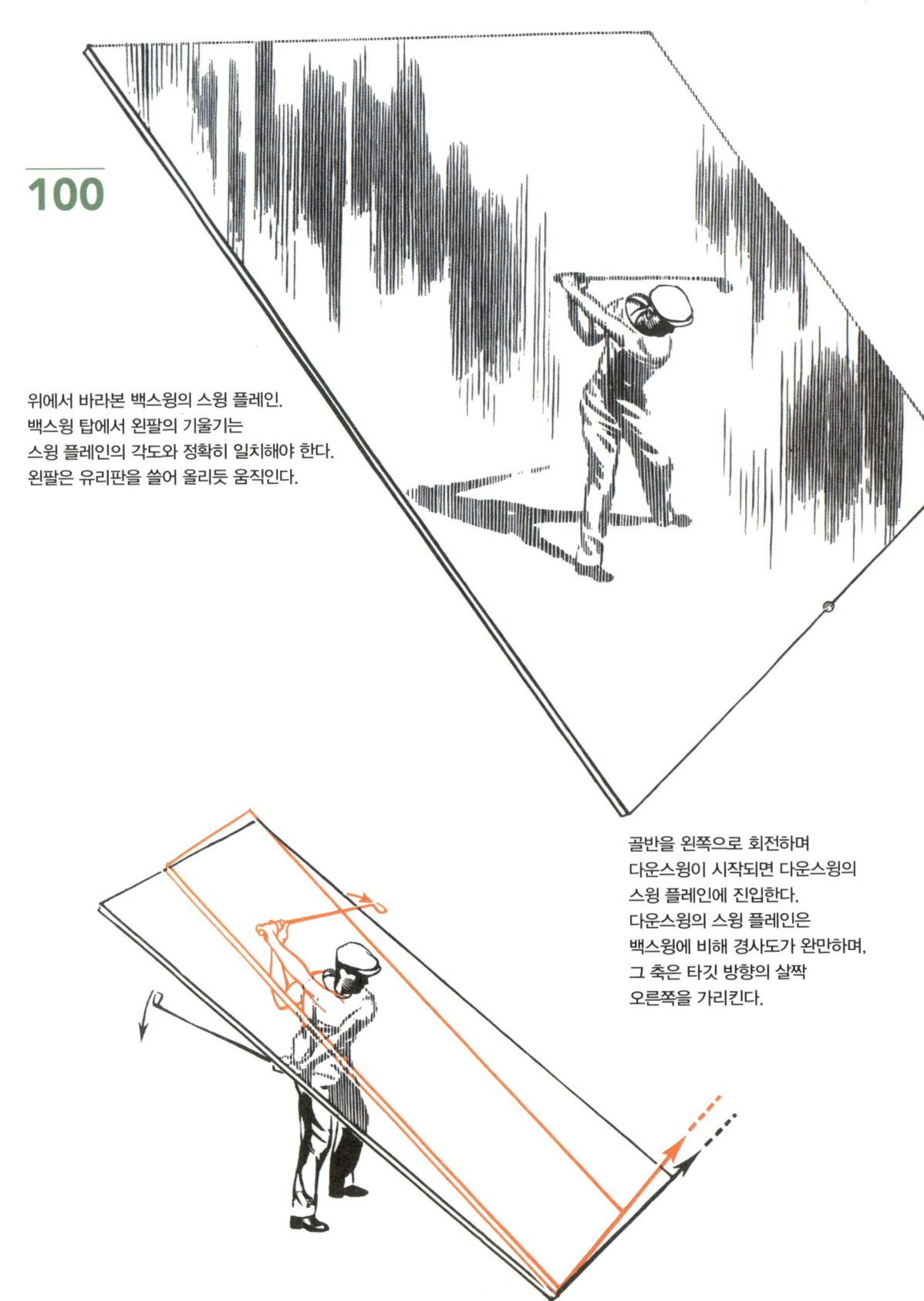

위에서 바라본 백스윙의 스윙 플레인.
백스윙 탑에서 왼팔의 기울기는
스윙 플레인의 각도와 정확히 일치해야 한다.
왼팔은 유리판을 쓸어 올리듯 움직인다.

골반을 왼쪽으로 회전하며
다운스윙이 시작되면 다운스윙의
스윙 플레인에 진입한다.
다운스윙의 스윙 플레인은
백스윙에 비해 경사도가 완만하며,
그 축은 타깃 방향의 살짝
오른쪽을 가리킨다.

LESSON 4
스윙의 후반부

101

골퍼가 백스윙 과정에서 스윙 플레인을 따라
스윙하는지 확인하고 싶다면
그의 뒤에서 비구선을 바라보고 서서
이상적인 스윙 플레인을 따라
경례하듯 팔을 들어올린다.
이렇게 하면 스윙 플레인을 따라
백스윙을 하는지, 그 아래로 팔이 떨어지는지,
아니면 경사면 위로 팔을 들어올리는지
확인할 수 있다.

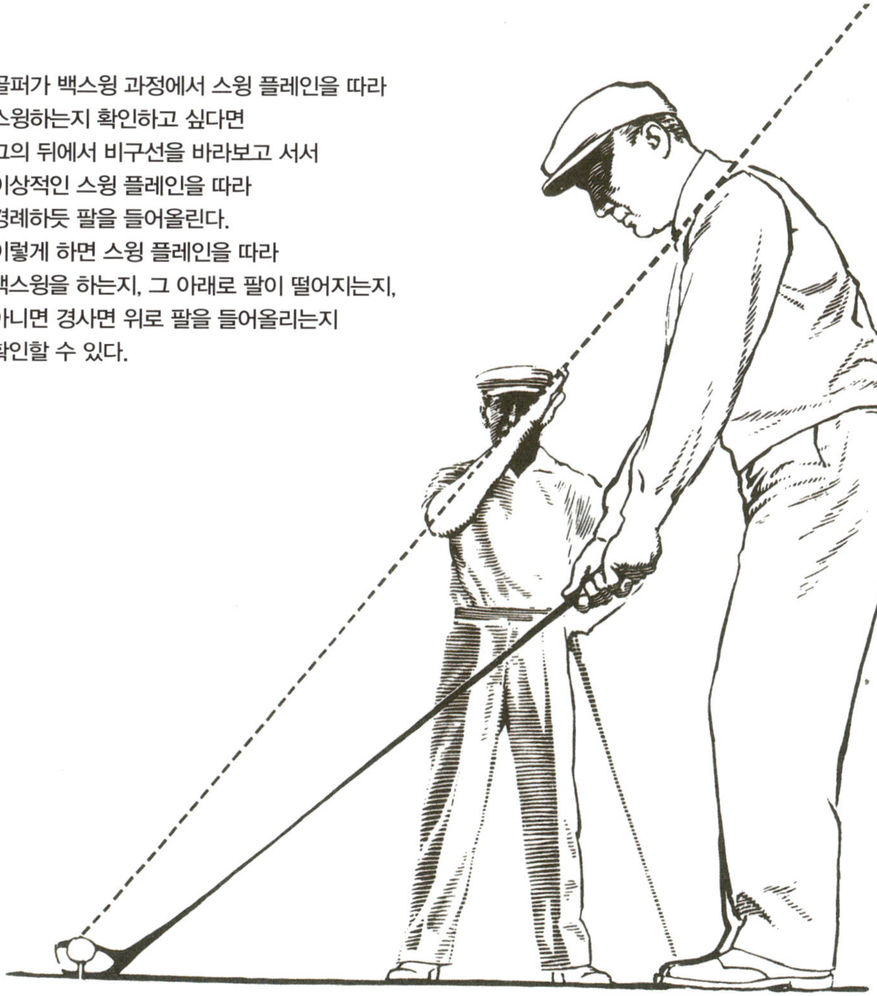

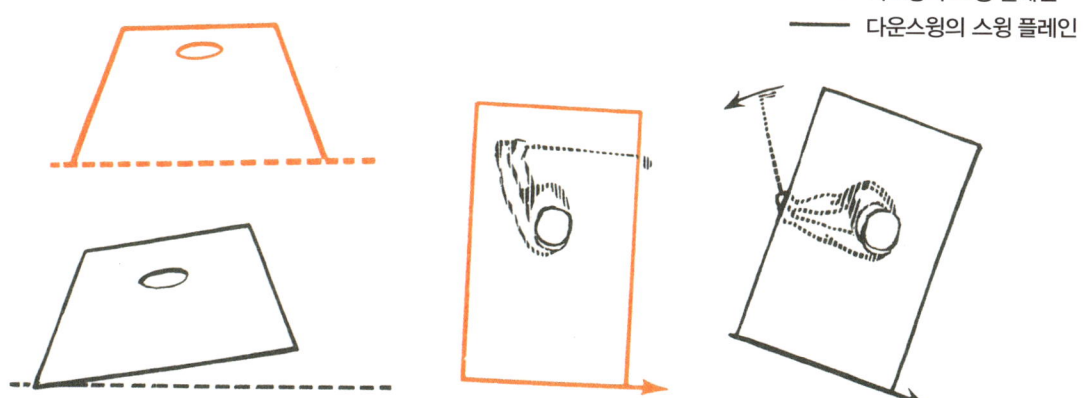

— 백스윙의 스윙 플레인
— 다운스윙의 스윙 플레인

인 아웃 궤도로 공을 칠 수 없다. 그러나 골반 회전을 통해 올바르게 다운스윙을 시작한다면 그 외의 다른 준비는 전혀 필요 없게 된다. 저절로 인 아웃 궤도의 스윙이 만들어질 것이며 원치 않아도 훌륭한 스윙을 계속해서 경험할 것이다.

물론 스윙의 후반부에 한시도 스윙 플레인에서 이탈하지 않는 것은 역학적으로도 매우 중요하다. 하지만 백스윙의 스윙 플레인을 의식적으로 지켜서 정교하고 기능적인 스윙을 만드는 것만큼 다운스윙의 스윙 플레인을 의식하는 일이 큰 도움이 되지는 않는다. 따라서 개인적으로는 다운스윙의 스윙 플레인에 대해 머릿속으로는 인지하되, 실제로 스윙을 할 때는 다운스윙에 결정적인 영향을 미치는 한두 가지 정도의 주요 동작에만 집중하기를 추천한다.

앞서 다룬 바와 같이 **골반은 다운스윙을 이끄는 열쇠다.** 다운스윙이라는 연쇄 동작의 주축인 것이다. 따라서 골반으로 움직임을 시작하고 골반을 정확히 회전한다면 이 하나의 동작만으로도 다운스윙은 만들어지기 마련이다. 빠른 속도를 이끌어내고, 오른발의 무게중심을 왼발로 옮길 뿐 아니라, 골반을 밀어내 양팔이 지나갈 수 있는 충분한 공간을 만들어낸다. 또한 힘을 목표 방향으로 집중시킬 수 있으며, 등의 큰 근육과 어깨, 팔, 손의 근육을 적당히 지연시킴으로써 최적의 타이밍과 장소에서 최대한의 성과를 만들 수 있는 타격 자세를 만든다.

다운스윙을 시작하려면 **골반을 왼쪽으로 되돌려야 한다. 이때 전방을 향해 무게중심을 왼발로 움직임으로써 축의 이동이 충분히 동반되어야 한다.** 다운스윙에서 골반이 움직이는 경로는 백스윙에서 골반이 회전하는 경로와 정확하게 일치하지는 않는다. 다운스윙에서 골반이 회전하는 아크는 백스윙 때보다 넓은 편으로, 골반이 좌우로 이동하는 거리와 뒤쪽으로 회전하는 범위의 두 측면에서 모두 백스윙 때보다 넓은 아크를 그린다.

이 같은 골반의 회전은 일련의 근육들이 유기적으로 작동하면서 활성화된다.

이처럼 골반으로 다운스윙을 시작하는 것은 매우 중요하다. 그래서 일류 골퍼들은 그 타이밍을 더 잘 맞추려고 클럽이 백스윙 탑에 도달하기 직전에 아주 잠깐 먼저 골반을 돌리기 시작한다. 이 행동은 전혀 문제되지 않는다. 충분히 용납할 수 있는 정도의 개인적인 조정 사항으로, 그 어떤 상황에서도 손으로 다운스윙을 시작하면 안 된다는 대전제를 오히려 공고히 하는 방증이라 하겠다. 다시 한번 강조하지만, **골프에 갓 입문한 사람들 또는 일반 골퍼들이 가장 명심해야 할 사항은 스윙할 때 그 어떤 의식적인 손동작도 하지 않는 것이다. 올바른 스윙이란 연쇄 동작의 산물이다. 그렇기에 손을 사용해서는 안 될 때 손을 사용한다면 이 연쇄 동작이 만들어질 수 없다.**

그렇다면 손은 어떻게 움직여야 할까? 정답은 다음과 같다. 양팔이 다운스윙에서 골반 높이까지 오기 전까지는 그 어떤 적극적인 개입도 하지 않는다. 양팔도 마찬가지로 스스로 움직이지 않으며, 골반이 회전할 때 자연스럽게 끌어내려진다.

이 같은 양손과 양팔의 '무임승차' 과정을 이해하기 위해 다음 동작을 취해보자. 클럽을 들고 백스윙 동작을 취한 뒤 백스윙 탑에서 멈춘다. 양손과 양팔은 전혀 신경 쓰지 말고 비교적 천천히 골반을 왼쪽으로 돌려본다. 이때 양손이 어디에 오는지 관찰한다. 골반이 회전할 때 양손은 백스윙 탑 위치에서 자동으로 끌려 내려와 거의 골반 위치에 도달한다. 무궁무진한 스피드와 힘을 만들어내는 몸통과 연결된 손, 팔에도 힘이 가득 전달되는 순간이다.

우리가 그립부터 시작해 수행한 모든 동작은 사실 이 자세를 만들기 위해 계산된 것이다. 상호 연결된 여러 단계 가운데 어느 하나라도 빠진다면 이 자세에 도달할 수 없으며 억지로 흉내 낼 수도 없다. 따라서 우리가 기본 동작을 완벽히 수행했을 때, 신체의 각 부위는 스윙의 결정적인 순간에 엄청난 양의 에너지를 끌어내고 전달할 수 있는 최적의 균형 상태를 이룬다.

전설의 골퍼가 남긴 위대한 레슨 5
벤 호건 골프의 기본

106

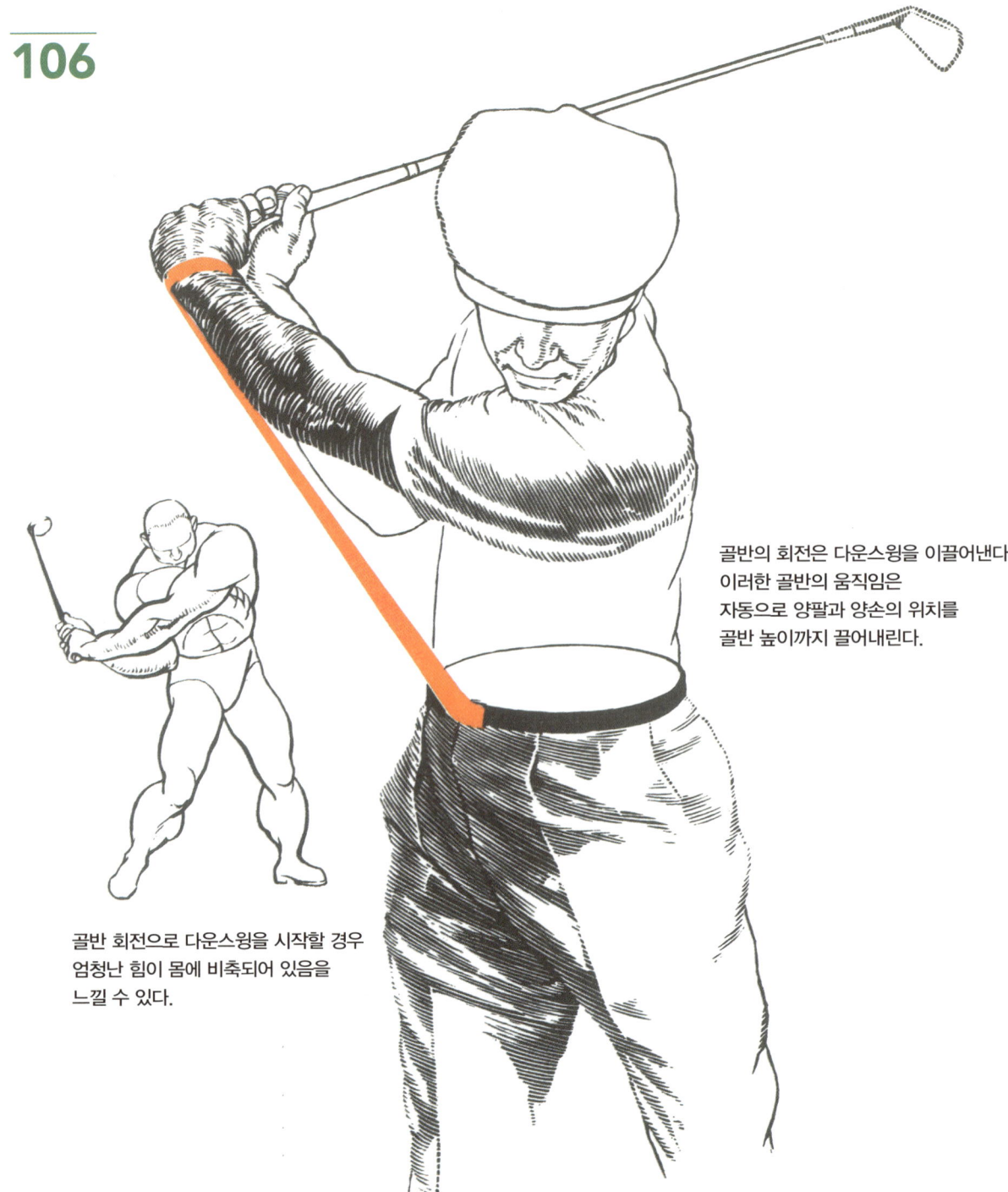

골반의 회전은 다운스윙을 이끌어낸다.
이러한 골반의 움직임은
자동으로 양팔과 양손의 위치를
골반 높이까지 끌어내린다.

골반 회전으로 다운스윙을 시작할 경우
엄청난 힘이 몸에 비축되어 있음을
느낄 수 있다.

LESSON 4
스윙의 후반부

107

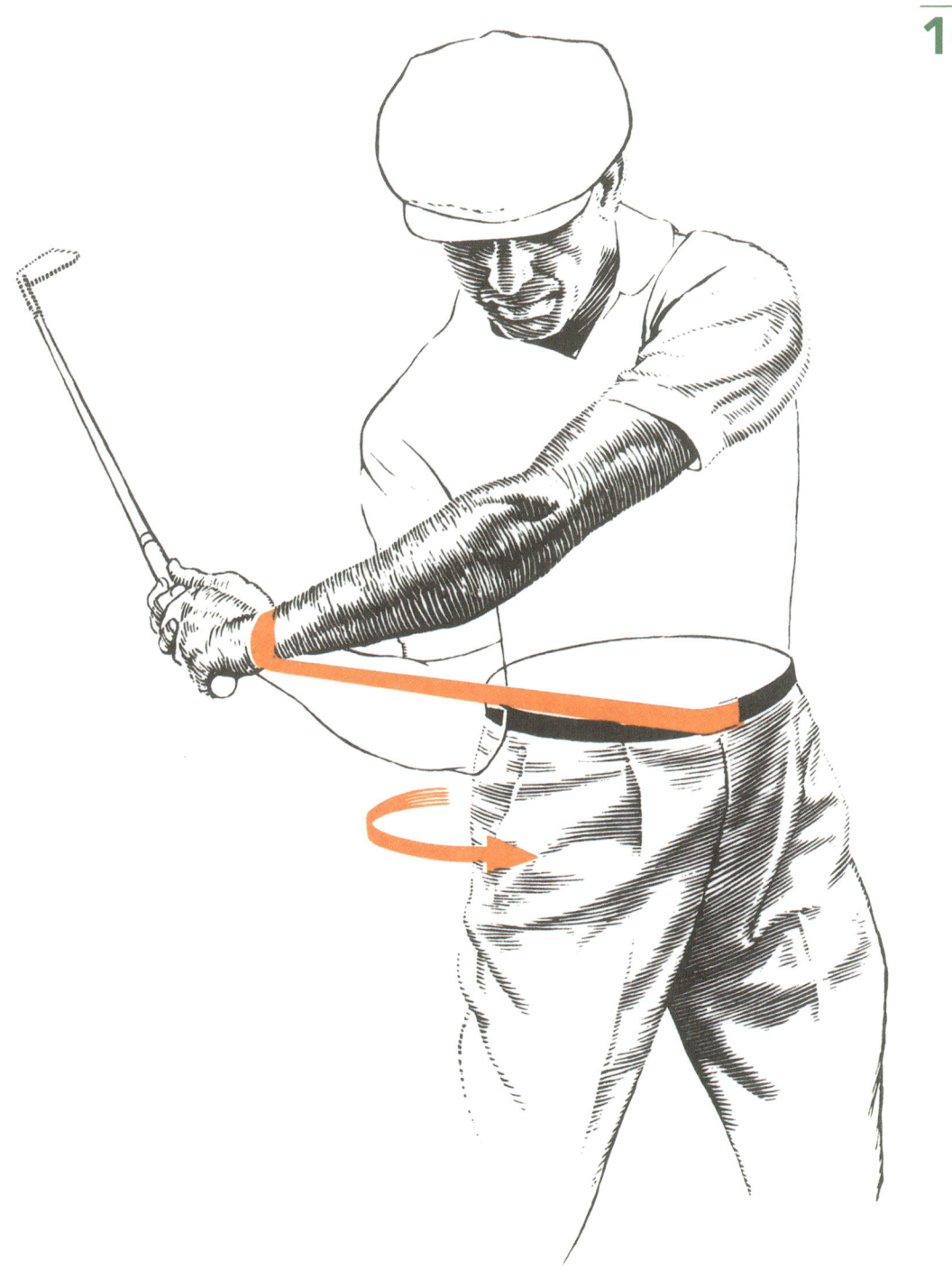

108

골반으로 다운스윙을 시작한 뒤 우리가 신경 쓸 일은 단 하나밖에 없다. 바로 공을 때리는 일이다. 나는 드라이버 샷을 할 때 공을 최대한 세게 치려고 노력한다. 비거리가 그렇게 중요하지 않은 다른 샷에서도 그 클럽으로 보낼 수 있는 비거리만큼 힘껏 공을 때린다. 클럽 페이스가 어떻게 공에 닿는지 등은 가급적 생각하지 않는다. 어드레스와 왜글 동작에서 이미 결정되기 때문이다. 임팩트 순간 클럽 페이스를 의식적으로 제어하려는 노력은 어리석기 짝이 없는 행동이다. 그처럼 정교하고 지독한 일의 타이밍을 맞추기란 불가능하다. 눈 깜짝할 사이에 너무 빠르게 지나가기 때문이다.

나는 골프를 강의할 때 올바른 타격 동작이란 다운스윙의 시작부터 팔로우 스루의 마지막까지 끊이지 않고 하나의 흐름으로 이뤄지는 움직임이라고 설명한다. 그리고 타격 동작에서는 다음의 두 가지만 신경 쓴다고 말한다. 첫 번째는 골반으로 스윙을 시작하는 것이고, 두 번째는 상체, 양팔, 양손의 순서로 최대한 힘차게 공을 때린다는 사실이다.

내가 하나의 흐름으로 공을 쳐내는 동작을 상세히 설명하면 청중은 보통 두 종류의 반응을 보인다. 첫째는 점잖은 회의주의자들로, 보통 이렇게 말한다. "내가 장담하는데 뭔가 비밀이 있을 거야. 저렇게 간단할 리가 없잖아. 분명 임팩트 순간 특별한 기술을 쓰겠지. 프로들이 우리한테 절대 공개하지 않는 비법이 아닐까?" 둘째 반응은 일종의 잘못된 냉소주의로, 보통 이렇게 이야기한다. "그래, 당신은 프로 골퍼로서 20년간 매일같이 골프 코스에서 살다시피 했잖아. 그렇다면 모든 게 제2의 천성이 되어 아무 신경을 쓰지 않아도 직감으로 공을 쳐낼 수 있겠지. 호건은 본인에게만 당연한 일을 이야기하고 있어. 하지만 우리 같은 일반 골퍼가 듣기에는 글쎄, 밥 리처즈가 장대높이뛰기는 별것도 아니라며, 장대를 밀어서 4미터 정도 공중에 떴을 때 가볍게 몸을 굴려 바를 넘기만 하면 된다고 말하는 것과 뭐가 다르겠어?"

物론 그들의 반응도 이해하지만, 사실을 정확하게 이해한 반응이라고 할 수는 없다. 만일 내가 일반 골퍼도 일류 선수들과 근본적으로 동일한 방법을 사용할 만큼 충분한 신체 능력을 갖추었다고 진심으로 확신하지 못했다면 이런 레슨을 시작하지 않았을 것이다. 일반 골퍼의 문제는 대부분 신체 능력 부족보다는 무엇을 해야 할지 몰라서 발생한다.

다운스윙에서 양손이 골반 높이까지 내려왔을 때(이 책에서는 임팩트 진입 구간이라고 칭하겠다), 만일 여러분이 그때까지의 스윙 동작을 올바르게 수행했다면 본능적으로 공을 쳐낼 수 있고, 올바른 팔로우 스루까지 보장된다. 잘못된 결과가 나올래야 나올 수 없다. 그런데도 스윙의 클라이맥스 순간에 양손과 양팔이 실제로 어떤 동작을 하는지 정확히 이해하는 것은 수많은 골퍼에게 도움이 될

임팩트 구간에서 오른팔과 오른손의 올바른 움직임은 야구에서 내야수가 땅볼을 주운 뒤, 언더핸드 스로우와 사이드 암 스로우의 중간 느낌으로 1루에 송구하는 동작과 비슷하다. 팔을 앞쪽으로 뿌릴 때 오른쪽 팔꿈치는 오른쪽 골반과 매우 가까워지며 팔의 움직임을 이끈다. 즉, 팔꿈치는 팔 부위에서 목표 방향과 가장 가까운 위치에 놓인다.

전설의 골퍼가 남긴 위대한 레슨 5
벤 호건 골프의 기본

110

초창기 농구의 양손 패스와 마찬가지로
왼팔과 왼손은 오른팔과 오른손의 움직임을 주도한다.
오른손만큼 왼손도 있는 힘껏
공을 치고 지나가야 한다는 사실을 명심하자.

수 있다. 이 동작을 연습하고, 그 연습을 효율적으로 수행한다면 기술은 향상될 것이다.

우선 임팩트 구간에서 오른팔과 오른손의 올바른 움직임에 대해 알아보자. 전반적으로 이 동작은 야구에서 내야수가 땅볼을 주운 뒤, 언더핸드 스로우와 사이드 암 스로우의 중간 느낌으로 1루에 송구하는 모습과 아주 비슷하다. 내야수가 팔을 앞쪽으로 뿌릴 때 오른쪽 팔꿈치는 오른쪽 골반과 매우 가까워진다. 즉, 팔꿈치는 팔의 움직임을 이끌어내며 송구를 할 때 내야수의 팔에서 목표 방향과 가장 가까워지는 부위도 바로 이 팔꿈치다. 팔뚝의 앞부분과 손이 팔꿈치를 뒤따르고, 공을 뿌리는 순간 팔은 비교적 곧게 펴진다. 이어지는 팔로우 스루

동작에서 손목과 손은 서서히 돌아가며 팔로우 스루가 끝날 때 손바닥은 지면을 향한다.

우리는 풀 샷을 칠 때 오른손으로 최대한 강하게 공을 때리려 한다. 하지만 이는 반쪽짜리 샷에 불과하다. **공을 칠 때는 양손을 사용하여 최대한 강하게 공을 때려야 한다.** 왼손도 힘을 담당하는 손이기 때문이다. 만약 왼손은 사용하지 않고 오른손만으로 공을 세게 친다면 귀중한 힘의 손실이 발생할 뿐만 아니라 오른손이 왼손을 압도했을 때 나타나는 모든 문제가 발생할 것이다. **따라서 오른손을 사용하는 것만큼 왼손으로도 최대한 강하게 공을 쳐야 한다.**

그렇다면 양팔과 양손이 공을 향해 움직이다가 공을 때리고 지나가는 과정에서 양팔은 어떻게 유기적으로 움직여야 바람직할까? 그때 우리는 과연 어떤 느낌을 받을까? 다른 스포츠에서 이와 유사한 동작을 찾는다면, 초창기 구식 농구에서 몸의 오른쪽으로부터 던지는 양손 패스를 떠올리면 이해가 쉽다. 선수가 임팩트 구간에 진입해 양손이 오른쪽 골반을 지날 때는 양손으로 공을 들고 목표 방향으로 움직이는 것처럼 보인다. 왼팔과 왼손이 움직임을 주도하고 오른팔과 오른손은 뒤따르는 형태로, 마치 골프에서 샤프트를 쥐고 있을 때와 동일하다. 단, 공은 양손에 들어올 정도의 크기이며 그 무게는 근력 강화 운동에 사용되는 소형 메디신 볼 정도의 묵직함이다. 공을 세게 던지기 위해서는 근육을 사용해야 한다.

이 공을 비구선에서 약 4~5미터 앞에 있는 제법 큰 과녁을 향해 던진다고 상상해보자. 과녁 정중앙은 지면으로부터 벨트 버클 높이 정도에 위치한다. 우리는 온 힘을 쏟기 위해 무게중심을 오른발에서 왼발로 옮기며, 양팔과 양손으로 있는 힘껏 공을 뿌리듯 내던진다. 이 방식으로 공을 던져야 정확하고 힘차게 던질 수 있기 때문이다. 우리는 공이 일직선으로 뻗어나가 과녁의 정중앙에 힘차게 명중하길 바란다. 그리고 이처럼 강력하게 공을 뿌려냈을 때 우리의 몸은 자연스럽게 팔로우 스루 동작까지 이어진다.

방금 소개한 양손의 결합 동작을 바탕으로 스윙을 이해한다면 언제나 왼손이 주도하는 스윙을 만들 수 있다는 장점이 있다. 스윙의 클라이맥스 단계에서 왼손 손목과 왼손 손등은 미세하게 외전(supination)하기 시작한다. 즉, 아래를 향하던 손바닥이 위를 향해 돌아가기 시작하며, 이 외전 동작은 스윙이 끝날 때까지 이어진다. 다다음 쪽에 실린 그림의 연속 동작을 참고한다면 글로 설명하는 것보다 외전 동작의 본질을 정확하고 간결하게 이해할 수 있을 것이다.

손목의 연속 동작 가운데서도 특별히 중요하기 때문에 보다 상세히 들여다봐야 할 부분이 있다. 바로 임팩트 순간 왼손 손목과 손의 위치다.

임팩트 순간 왼손 손등은 타깃 방향을 향한다. 왼손 손목 또한 도드라지게 구부러지며 타깃 방향을 바라본다. 공이 실제로 클럽에 맞는 순간, 손목은 손의 어느 부위보다도 타깃 방향과 가깝게 앞으로 튀어 나간다.

왼손 손목이 이 위치에 있는 한 왼손은 클럽 헤드가 움직이면서 만드는 속도를 억제하거나 방해하지 못한다. 또한 오른손이 왼손의 힘을 압도하거나 클럽이 비틀어질 염려는 하지 않아도 된다. 절대 그런 동작이 나올 수 없기 때문이다. 힘이 가해지는 한 오른손이 3개는 되어야 왼손을 압도할 수 있겠다는 느낌이 들 정도다.

훌륭한 골퍼라면 누구나 임팩트 순간 이처럼 왼손 손목을 외전시킨다. 반면 실력이 부족한 골퍼는 모두 정반대의 행동을 한다. 클럽이 공에 가까워질 때 왼손 손목을 내전(pronation)시켜 손바닥이 지면을 향하게 돌린다.

임팩트 직전 손목을 내전할 경우 스윙 아크가 달라진다. 스윙 아크의 크기가 확연히 작아지며, 업 스윙 시 경사도 매우 가파르고 좁아진다. 손목을 내전한 덕분에 양손 속도를 높여야 할 시기에 반대로 속도를 늦추게 되는 것이다. 이로써 다운스윙에서 가속력을 얻고 임팩트 순간 이를 극대화하는 대신에 공을 치기도 전에 모든 스피드가 흩어져버린다. 왼손 손목을 내전하는 행동은 이 밖에도 수많은 결과를 초래하는데, 좋은 결과라고는 단 하나도 없다. 예를 들어 스윙 아크와 스윙 플레인이 바뀌면 실력이 부족한 골퍼는 클럽의 리딩 엣지로 공을 때리는 스컬 샷(skull shot, 일명 토핑샷)을 하거나 공의 뒷부분을 때리는 실수(일명 뒤땅샷)를 범한다.

또한 클럽 페이스가 열린 경우 크게 퍼 올리는 슬라이스를 범하고, 반대로 클럽 페이스가 닫힌 경우 심하게 당기거나 훅을 냄으로써 절대 원하는 대로 공을 보낼 수 없게 된다. 즉, 손목을 내전할 경우 짜릿한 손맛은 절대로 경험할 수 없다. 그야말로 불가능하다.

전설의 골퍼가 남긴 위대한 레슨 5
벤 호건 골프의 기본

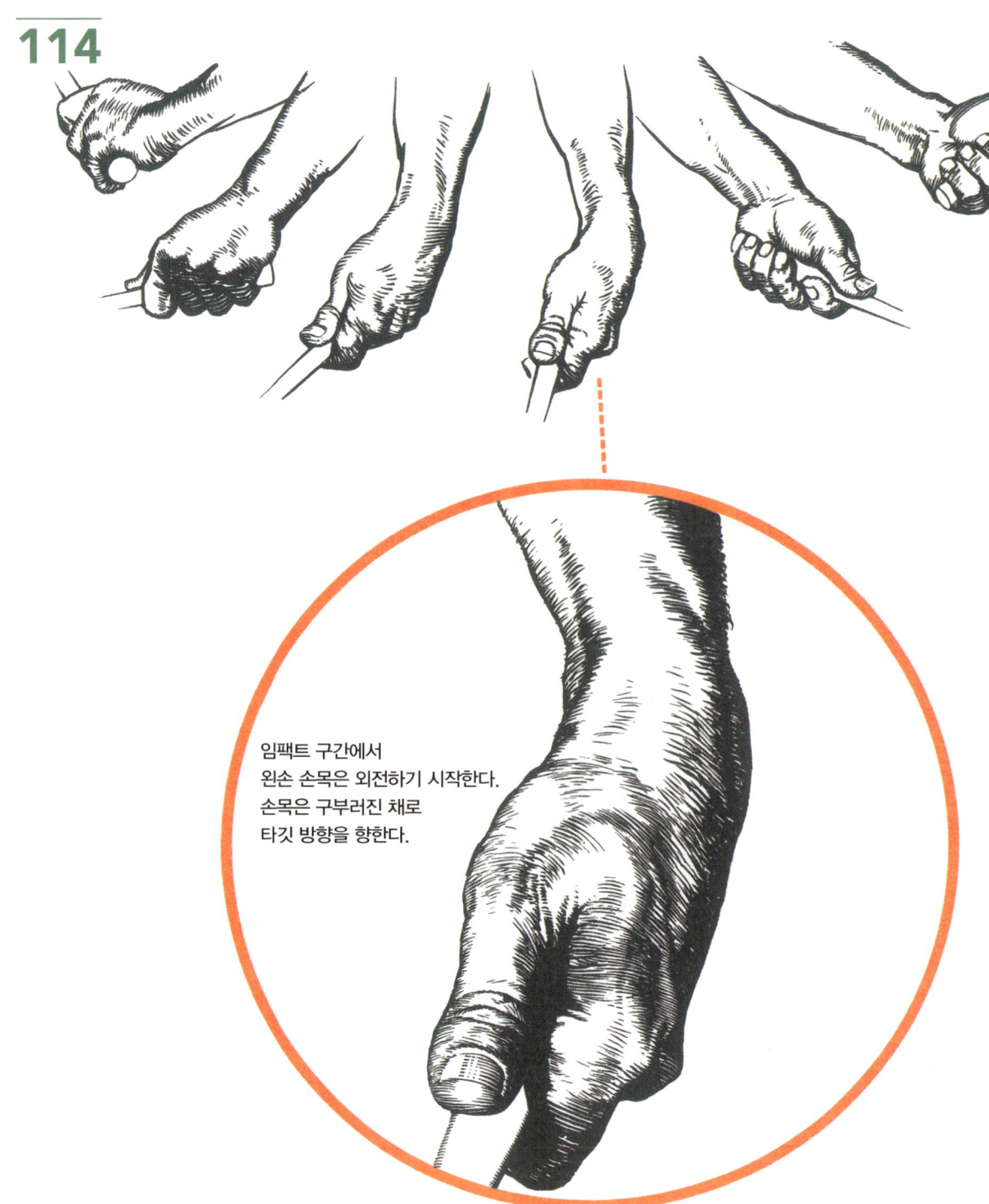

임팩트 구간에서
왼손 손목은 외전하기 시작한다.
손목은 구부러진 채로
타깃 방향을 향한다.

LESSON 4
스윙의 후반부

임팩트 직전에 왼손 손목을 내전할 경우,
골퍼는 공을 때리기도 전에 클럽 헤드의 속도를 소진하고
스윙 아크의 크기를 축소할 뿐 아니라
이 밖에도 수많은 실수에 노출된다.

115

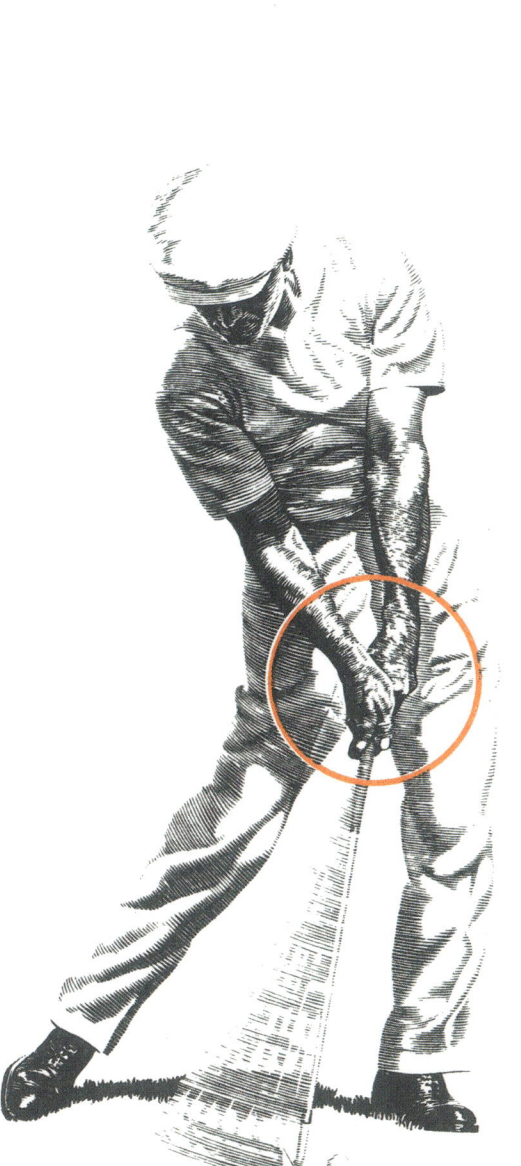

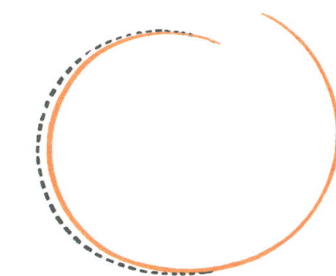

잘못된 스윙 아크

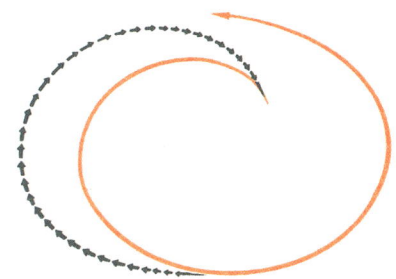

올바른 스윙 아크

손목을 내전하는 골퍼의 다운스윙 아크는 사실상 백스윙의 스윙 아크를 따라가게 된다. 그러나 다운스윙의 스윙 아크는 절대 백스윙의 아크를 따라가서는 안 된다. 반면, 손목을 외전할 경우 상당히 유익한 결과를 수없이 이끌어낼 수 있다. 우선 전방을 향하는 이상적인 크기의 아크가 만들어지고, 임팩트 순간 팔을 적당히 펼 수 있게 되며, 임팩트 직후 목표 방향으로 스윙을 내보낼 때도 팔이 곧게 펴질 수 있게 돕는다. 한편 스윙 아크가 커질수록 클럽 헤드의 속도를 끌어올릴 여유 공간이 늘어나며 이는 비거리에 결정적인 영향을 미친다.

손목의 외전 동작은 다양한 측면에서 비거리와 정확성 향상에 기여한다. 첫째, 클럽이 잔디를 파기 이전에 완벽하고 깔끔하게 공만 타격할 수 있게 돕는다. 뛰어난 프로 골퍼가 공을 칠 때 경쾌한 타구음과 함께 공이 총알처럼 뻗어나가는 것도 이 때문이다. 처음부터 공을 제대로 맞추기만 한다면 클럽은 자동적으로 공을 지난 후에 잔디를 파게 될 것이다. 둘째, 미세한 외전 동작은 임팩트 순간 우리의 손을 클럽 헤드보다 앞서게 해 클럽 페이스의 로프트 각도를 낮추는 효과를 만든다. 우리가 일류 골퍼들의 엄청난 비거리에 깜짝 놀라는 것도 이 때문이다. 그들은 5번 아이언으로 4번 아이언의 로프트 각도를 구현한다. 하지만 손목을 내전할 경우 정반대 결과가 나온다. 클럽의 로프트 각도를 도리어 높이는 것이다. 그리고는 결국 5번 아이언으로 7번 아이언의 비거리를 치게 된다.

실력이 빼어난 골퍼는 누구나 손목을 외전한다. 필수로 갖춰야 할 동작이다. 지미 디마렛은 내가 여태까지 봤던 골퍼 가운데 이 동작을 가장 뚜렷하게 취하는 선수다. 그만큼 왼손 손목을 확실하게 외전하기도 힘들 것이다. 그의 플레이를 보다 보면 디마렛이 마치 왼손 손등으로 공을 후려치는 듯한 인상을 받을 수 있다. 지미가 일류 선수로서 장수하는 비결은 다양하겠지만, 다른 선수들이라면 사방팔방으로 공을 날릴 법한 강렬한 바람 속에서도 손목의 외전을 바탕으로 공을 낮고 정확하게 제어하는 능력을 빼놓을 수는 없을 것이다. 우리는 이 같은 손목의 외전 동작이 공의 포착력과 백스핀을 최대로 끌어올린다는 사실에도 주목해야 한다. 오늘날 프로 골퍼들이 보여주는 묘기와 같은 샷의 비결도 여기에 있다. 스컬 샷처럼 보이는 낮은 탄도의 웨지 샷은 그린에 떨어지는 순간 잔디를 물고 늘어지듯 낙하지점 근처에 멈춰버린다.

양손은 칩샷, 피치 샷, 벙커 샷 등 그린 주변에서 샷을 할 때도 풀스윙 때와 마찬가지로 움직여야 한다. 벙커를 탈출하기 위해 모래부터 세게 퍼 올리는 샷을 제외하면 언제나 공을 먼저 때려야 한다는 사실을 명심하자. 그리고 다운스윙에서 공을 때리고 끝까지 지나간다는 느낌을 갖도록 하자. 클럽 페이스가 알아서 로프트 각도를 만들어줄 것이다. 이때 손목의 외전 동작은 올바른 스트로크를 만드는 데 도움을 주어 아래로 깎아 치거나 위로 퍼 올리는 샷이 아니라, 풀스윙 때와 마찬가지로 협응이 갖춰진 샷을 이끌어낼 것이다.

이쯤에서 임팩트 구간과 팔로우 스루에 관련된 몇 가지 사항을 살펴보자. 대부분 올바른 자세와 관련된 문제다. 숙련된 골퍼라면 골반으로 다운스윙을 시작해 하나의 흐름으로 팔로우 스루까지 이어감으로써 자연스럽게 만들 수 있는 자세다. 그러나 연습을 하면서 이 자세를 억지로 만들려 애써서는 안 된다. 이 자세는 어디까지나 연쇄 동작의 일부이기 때문이다. 스윙의 기본기를 올바르게 수행하기만 한다면 자연스럽게 그 자세에 도달할 수 있다. 단, 다음 내용을 정확히 짚고 넘어간다면 사람들이 골프 스윙에 대해 흔히 오해하는 것들을 바로잡고 정확한 지식을 확립하여 연습과 실전의 가이드이자 점검 사항으로 활용할 수 있다.

먼저 대부분의 골퍼들은 임팩트 순간 양팔을 모두 완벽하게 펴야 한다고 오해한다. 자신이 실제로 그 동작을 할 수 있는지는 고려하지 않는다. 잘못된 생각이다. **임팩트 순간 오른팔은 살짝 구부러진 상태를 유지한다.** 다운스윙에서 오른팔은 공과 가까워지며 서서히 펴지게 된다. 오른팔이 완벽하게 펴지는 시점

전설의 골퍼가 남긴 위대한 레슨 5
벤 호건 골프의 기본

118

다운스윙의 올바른 진행 순서는 골반, 어깨, 양팔, 양손이다.
각각의 신체 부위는 스윙에 진입하면서 유기적인 연쇄 동작을 이끌어내어
가속도를 만드는 데 기여한다.

은 클럽 헤드가 공을 지나서 60센티미터 정도 갔을 무렵이다. 이때는 왼팔도 역시 곧게 펴지는데, 스윙의 전체 과정에서 양팔이 유일하게 곧게 펴지는 시점이다. 이 지점을 지나면 왼손 손목이 외전하면서 왼팔은 팔꿈치부터 접힌다. 백스윙에서 오른팔이 접히는 것과 동일하다. 오른팔의 경우 스윙이 끝날 때까지 곧게 펴진 상태를 유지하는데, 이 또한 백스윙에서 왼팔의 동작과 동일하다. 마지막 피니시 동작에서 왼팔 팔꿈치는 지면을 똑바로 향하고 오른쪽 어깨는 턱에 닿는다. 역시 백스윙을 뒤집어놓은 모습과 유사하다. 내 경우 어깨의 끝에서 약 2~3센티미터 떨어진 지점에 턱이 닿는다.

클럽 헤드의 속도가 최대에 달하는 순간은 임팩트 직후 양팔이 곧게 펴지는

지점이다. 임팩트 순간이 아님에 유의하자. 이처럼 엄청난 속도로 인해 우리의 몸은 크고 높게 피니시 동작을 만든다. 스윙이 끝났을 때 벨트 버클은 정확히 타깃 방향을 바라보지 않는다. 타깃보다 왼쪽 방향을 바라봐야 한다. 골반으로 전체 스윙을 이끌었다면 골반뼈는 피니시 동작에서 정면을 바라보게 된다. **또한 다운스윙의 전체 과정에서 골반은 항상 어깨를 이끌며 선행한다.** 어깨는 스윙이 끝나는 순간에서야 비로소 골반의 속도를 따라잡게 된다.

다리 움직임에 대해 짚고 넘어가야 할 점이 있다. 임팩트와 팔로우 스루 구간에서 왼쪽 다리를 막대기처럼 빳빳하게 고정하는 것이 정통 스타일이라고 생각하는 사람들이 너무나 많다. 절대로 그렇지 않다. 왼쪽 다리를 꼿꼿이 고정할 경우 골반 회전이 끝까지 이뤄질 수 없으며, 따라서 온몸이 좌측으로 부드럽게 이동하는 움직임이 제한된다. 그리고 무게중심이 충분히 왼발로 이동하지 않으면 스윙 아크가 찌그러지고 몸통과 양팔, 양손이 샷에 최대한의 힘을 쏟아낼 수 없게 된다.

바람직한 스윙을 살펴보면, 다운스윙에서 양손이 골반 높이에 이르렀을 때 골반은 페어웨이를 바라보며 이미 열린 상태가 된다. 이때 벨트의 버클은 공과 거의 정렬을 이룬다. 양다리는 다운스윙에서 골반의 움직임에 호응하며 움직인다. 왼쪽 다리는 좌측으로 탄력 있게 되돌아가는데, 상당한 체중이 왼발의 좌측으로 옮겨가면서 타깃 방향을 향해 구부러진다. 한편 오른쪽 다리의 경우, 앞서 살펴본 바와 같이 골반 회전이 시작되면서 무릎이 안쪽으로 구부러진다.

이번 레슨을 연습할 때는 백스윙의 스윙 플레인의 복습에 일부 시간을 할애하고, 매일 30분씩은 골반 회전과 공을 치고 지나가는 움직임에 투자하기 바란다. 있는 힘껏 스윙하는 것을 두려워해서는 안 된다. 물론 많은 사람이 이를 어려워하는 것을 안다. 그들은 힘을 억제하지 않으면 잘못이 더욱 도드라질 것이라 생각한다. 하지만 나는 다르게 생각한다. 매번 스윙을 할 때마다 완전하게 펼쳐진 근육을 사용한다면 언제나 근육의 긴장도가 달라 불규칙한 느낌을 줄 때보다 일관성이 좋아질 수밖에 없다.

나는 경험을 통해서도 증명했듯, 있는 힘껏 공을 끝까지 쳤을 때 공을 더 똑바로 보낼 수 있었다. 사실 기본이 탄탄한 스윙을 가진 골퍼라면 길고 험준한 코스에서 경기를 할 때 자신이 거대한 체격을 가졌더라도 전혀 개의치 않을 것이다. 오히려 통제할 수 있는 힘이 클수록 자신감이 커질 것이다. 그 힘을 어떻게 써야 할지 알기 때문이다. 충만한 자신감으로 어떤 그린이든 정복할 것이다.

요약과 복습

LESSON 5   SUMMARY AND REVIEW

서두에 밝힌 바와 같이 이 책에서 다루는 골프 레슨은 내가 프로 골퍼로서 25년간 활동하며 축적한 지식의 핵심만 추려낸 것이다. 이 레슨을 통해 다음 두 가지 사항을 이룰 수 있기를 희망한다. 첫째, 일반 골퍼들이 안정적이고 강력하며 일관된 스윙을 갖춤으로써 진정한 골퍼로 거듭나고, 골프라는 환상적인 스포츠를 한층 더 즐길 수 있기를 바란다. 앞서 제1~4장을 통해 살펴본 기본 동작을 정확하게 이해하고 이를 골프 시즌 동안 연습해 몸에 익힌다면 누구나 이러한 기쁨을 맛볼 수 있으리라 확신한다. 이번 마지막 장에서는 이러한 현대 골프의 기본기를 복습하면서 스윙의 각 부분을 하나로 통합해보고자 한다.

둘째로, 나의 레슨이 골프 스윙을 더 깊이 있게 이해하기 위한 자양분이자 뿌리가 되기를 바란다. 매년 우리는 골프에 대해 새로운 사실을 배워간다. 일련의 새로운 지식이 보다 원대한 지식을 향한 길을 터주는 셈이다. 이런 면에서 골프는 의학을 비롯한 다른 과학 분야와 유사하다. 현대 의학의 진보를 바탕으로 향후 15년 안에는 다양하고 새로운 의학적 발견을 이끌어낼 수 있듯이, 우리도 현재의 골프 지식을 가다듬고 확장할 수 있을 것이다. 내 생각에 모든 골퍼는 약

122

15~20년간 매우 생산적인 시기를 보낸다. 골퍼로서의 잠재력을 최대한 발휘하여 꾸준하고 깊이 있게 모든 기술을 연구하고 실험하는 시기다. 우리는 그 기간 동안 무궁한 발전을 이룬다. 하지만 일주일은 7일뿐이고 낮 시간은 한정적이다. 만일 내가 1931년 어린 나이에 프로 골퍼의 삶을 시작할 때부터 1957년 지금까지 어렵게 습득한 지식을 이미 갖고 있고 그만큼 높은 수준에서 실험을 시작했다면, 개인적으로 생산성이 가장 좋았을 전성기에 지금보다 훨씬 훌륭한 업적을 쌓았을 것이다. 그런 면에서 오늘날의 젊은이들은 훨씬 큰 기쁨과 특권을 누리는 셈이다.

연습 때마다 내가 정확히 어떤 부분을 연습하고 있고,
그 연습이 실제 샷에는 어떤 영향을 미치는지
적는 습관은 상당한 도움이 된다.

어느 날 문득 '내가 정말 오랫동안 골프를 공부하고 있구나!'라는 생각이 들었다. 처음으로 골프를 진지하게 공부하기 시작한 때는 13살 무렵이었다. 나는 당시 포트워스에 있는 글렌 가든 클럽에서 캐디로 일했는데, 에드 스튜어트라는 회원을 롤모델로 삼아 연습했다. 노동자 신분이었던 그는 매우 뛰어난 아마추어 선수였으나 경제적 형편상 골프를 자주 칠 수는 없었다. 이 때문에 다른 아이들은 그의 고정 캐디를 하는 것을 싫어했다. 나는 전혀 그렇지 않았다. 스튜어트가 골프를 칠 때마다 그의 캐디가 되어 그의 스윙과 샷 메이킹 기술을 유심히 살펴보며 공부했다. 퇴근한 뒤에는 내 스윙과 스튜어트의 스윙을 비교했고, 정확하고 이상적인 스튜어트의 특정 동작을 따라하며 내 스윙을 발전시켜 나갔다.

내가 최초로 손본 중요 동작은 왼쪽 무릎의 움직임이었다. 당시 내 무릎은 백스윙을 할 때마다 앞으로 튀어 나갔다. 하지만 관찰한 결과 에드 스튜어트의 무릎은 가볍게 오른쪽으로 구부러졌다. 나는 집 앞의 잔디가 남아나지 않을 때까지 무릎 동작을 수정하는 데 열중했다. 그 무렵 우리 가족이 살던 동네에는 울타리로 구분된 작은 잔디밭이 집집마다 딸려 있었다. 그리고 식료품 가게는 우리 집에서 여섯 집, 즉 6개의 잔디밭을 지나 자리했다. 엄마가 빵이나 버터 등 심부름을 시킬 때면 나는 가게까지 얌전히 걸어가는 법이 없었다. 항상 골프를 치면서 갔다. 어느 날은 잔디밭을 하나씩 넘기는 칩샷을 하고, 어느 날은 2~3개 정도 떨어진 잔디밭을 가상의 그린으로 정했으며, 어떤 때는 가장 멀리 떨어진 잔디밭을 그린 삼아 9번 아이언 샷을 풀 샷으로 때렸다. 그리고 이렇게 공을 칠 때마다 왼쪽 무릎을 점검하거나 당시 내가 연습하는 다른 부분을 확인했다. 내가 연습하는 모습이 동네 미관에는 좋은 영향을 미치지 못했을지 모르나, 내 골프 실력에는 확실하게 도움이 되었다.

여러분도 느끼다시피 골프를 배우다 보면 단숨에 습득하는 동작도 있지만, 반대로 엄청난 시간이 걸려 체득하는 동작도 있다. 올바른 골프 스윙에 꼭 필요한 기본기 가운데 세 가지를 예를 들어 설명해보겠다. 적당한 왜글 동작과 골반 회전, 백스윙 플레인이다. 나는 왜글 동작의 중요성을 비교적 빠른 시기에 깨우쳤다. 1932년부터 투어 선수로 순회 활동을 시작했는데, 이때 숏 게임의 귀재인 조니 레볼타를 관찰하고 그와 이야기를 나누면서 그가 그린 주변에서 벌어지는 각각의 샷의 특성에 맞춰 왜글 동작을 변형한다는 사실을 알아냈다. 예컨대 벙커에서 공을 띄워 그린에 세워야 하는 상황이라고 가정해보자. 그는 공을 깎아 침으로써 그린에 멈추는 힘을 극대화하기 위해 마치 권투에서 잽을 날리듯 날카롭고 짧게 끊는 왜글 동작을 했다. 반면 비교적 경사와 빠르기가 있는 그린의 특정 지점에 피치 샷을 날려 측면 경사를 타고 홀컵까지 공을 굴려야 하는 상황에서는 어떻게 할까? 그는 우리가 미술 연필로 스케치할 때 마치 손끝만으로 움직이듯 섬세하고 가벼운 왜글 동작을 만들었다. 이 밖에도 각각의 칩샷에 따른 저마다의 왜글 동작이 놀라울 만큼 다양하게 구비되어 있었다. 나는 조니의 방법이 숏 게임뿐만 아니라 풀 샷을 할 때도 매우 유익하리라 생각했고, 즉시 이 방법을 활용했다.

이로부터 얼마 지나지 않은 1930년대 중반, 나는 현역 최고 골퍼들의 플레이를 다룬 기록 영상을 통해 올바른 골반 회전의 개념을 명확하게 이해하게 되었다. 하지만 스윙 플레인을 정확히 이해하게 된 때는 1938년에 들어서였다. 물론 그전에도 종종 야구 스윙의 스윙 플레인을 연구하고, 이에 비추어 골프의 스윙 플레인에 대해 고민하기는 했다. 하지만 안정적이지 못한 백스윙으로 고민이 거듭되자 비로소 스윙 플레인을 진지하게 파헤쳐보게 되었다. 다만 나는 스윙 플레인이 내게 어떤 영향을 미치는지, 왜 그런 영향을 미치는지를 완전히 이해하기 훨씬 전부터 이것이 내게 매우 중요한 문제임을 직감할 수 있었다. 동계 토너먼트를 거치며 순회 활동을 하는 동안 매일 밤 호텔 방의 전신거울 앞에서 백스윙 플레인을 연습했고, 언제나 동일한 궤도로 백스윙을 할 수 있도록 느낌과 움직임을 기억하고자 노력했다.

 제2차 세계대전이 일어나기 전 시즌에는 스윙에 대한 지식이 쌓이고 게임을 풀어나가는 법을 깊이 있게 배우면서 투어 대회에서 승수를 늘려나갈 수 있었다. 그런데도 1946년이 되기까지는 내 골프 실력에 대해 진심으로 자신할 수 없었다. 일단 코스에 나가 좋은 플레이가 나오면 '오늘은 부끄럽지 않은 경기를 펼치겠구나'라고 생각은 했지만, 한 라운드를 돌기 전까지는 내가 69타를 칠지, 79타를 칠지 가늠할 수 없었다. 어느 날 아침이든 갑자기 경기력이 나빠질 수 있다고 생각한 것이다. 나는 내가 최상의 자세에서 조금이라도 벗어난다면 과연 훌륭한 라운드를 이끌어낼 수 있을지 장담할 수 없었다. 함께 투어 생활을 하는 친구들은 나처럼 스윙이 안정적으로 자리 잡은 사람은 이런 어리석은 걱정을 할 필요가 없다며 충분히 자신감을 가져도 된다고 말해주었다. 그러나 나는 스스로에 대한 불신을 멈출 수 없었다. 현재 얼마나 잘하고 있는지와는 상관없이, 다음 날 그리고 또 그다음 날에도 잘할 수 있을지 계속해서 걱정했다.

 1946년, 나의 태도는 180도 바뀌었다. 경기에 나가면 반드시 훌륭한 플레이를 펼칠 수 있겠다는 믿음이 생겼고, 갑자기 와르르 무너질 듯한 불안을 느낄 필요가 없다고 생각하게 되었다. 추측하건대 내 자신감 뒤에는 다음과 같은 생각이 자리 잡았던 것 같다. 더는 수많은 고난도 동작을 완벽하게 수행하려고 애쓰지 않았다. 지나친 완벽주의란 불가능할 뿐 아니라, 바람직하지도 않고 필요하지도 않다는 생각이 확실해졌기 때문이다. 우리가 몸에 새겨야 할 움직임은 기본 동작에 불과하며, 이 또한 얼마 되지 않았다. 심지어 이 동작들은 근본적으로 통제 가능한 동작들이기에 당일 컨디션에 관계없이 항상 훌륭하게 수행할 수 있었다. 무엇이 원인이고 무엇이 결과인지 알 수는 없지만, 최상의 컨디션이 아닐 때도 내 실력을 믿을 수 있겠다는 확신이 들자 나의 샷은 훨씬 더 새롭고, 안정되며, 일관성을 지니게 되었다. **다시금 강조하지만 이렇게 발전할 수 있었던**

근본 이유는 골프를 잘 치려면 얼마 안 되는 진정한 핵심 기본 동작만 정확하게 실행하면 된다는 굳은 믿음이 있었기 때문이다.

지금까지 우리는 그립에서부터 피니시 동작에 이르기까지 스윙을 단계별로 살펴보았다. 그렇다면 이쯤에서 스윙 동작을 '되감기'하면서 각각의 자세로 정확하게 넘어가기 위해 유의해야 할 동작을 알아보아도 상당히 유익하리라 생각한다.

먼저 올바른 피니시 자세가 나오려면 무엇을 해야 하는가?

앞서 살펴본 바와 같이 팔로우 스루는 스윙의 마지막 단계에서 새롭게 특정 동작을 더해 만들어지는 것이 아니다. 올바른 연쇄 동작과 클럽 헤드의 속도가 어우러졌을 때 저절로 완벽한 피니시가 나타난다. 따라서 **클럽을 올바르게 공까지 가져와 정확히 공을 치고 나간다면** 팔로우 스루는 제대로 만들어질 수밖에 없다.

그렇다면 우리가 정확하고 균형 잡힌 자세로 공을 치기 위해 반드시 유의해야 할 동작은 무엇일까?

다음 세 가지 주요 동작을 수행하는 방법을 익힌다면 반드시 올바른 임팩트 구간이 만들어질 것이다. 첫째, 다운스윙은 반드시 골반을 왼쪽으로 회전하면서 시작한다. 둘째, 공을 때리고 지나갈 때는 골반, 어깨, 양팔, 양손이 순차로 움직이고, 서로 유기적으로 결합하여 하나의 움직임으로 피니시 동작까지 이어지게 한다. 셋째, 임팩트 직전 왼손 손목을 외전하기 시작한다. 여기까지가 다운스윙에서 우리가 집중해야 할 세 가지 기본 동작이다. **단, 이에 앞서 올바른 백스윙 탑 자세가 선행되어야 한다.**

그렇다면 올바른 백스윙 탑 자세를 만들기 위해서는 무엇을 해야 하는가?

올바른 백스윙 탑 자세를 만드는 세 가지 비결은 다음과 같다. 첫째, 적절하게 왜글 동작을 만든다. 둘째, 양손, 양팔, 어깨 순서로 백스윙을 시작하며, 어깨의 움직임으로 골반의 회전을 주도한다. 셋째, 백스윙을 하는 동안 스윙 플레인을 이탈하지 않는다. 백스윙을 하는 동안 신경 써야 할 동작은 이 세 가지면 충분하다. **단, 올바른 어드레스 자세가 먼저 만들어져야 한다.**

마지막으로 어떻게 하면 올바른 어드레스 자세를 만들 수 있을까? 그렇다. 정답은 올바른 스탠스와 자세, 그립이다.

자, 이처럼 기억하고 연습해야 할 핵심 기본 동작은 별로 많지 않다. 내가 보기에는 여덟 가지면 충분하다. 전반적인 스윙 동작은 그립에서 시작해 거기서부터 쌓여간다. 각각의 올바른 동작은 상호 연결되어 그다음 동작을 이끌어낸다. 즉, 스윙 전체는 연쇄적인 움직임이다.

스윙의 특정 단계에서 막히는 일이 생긴다면, 이 책에서 해당 부분의 페이지를 다시 읽고 지식을 환기한 뒤 연습하기를 추천한다. 아울러 **연습이든 실전이든 상관없이, 결과가 아닌 원인을 들여다보는 습관을 기르도록 하자.** 예를 들어 설명해보겠다. 당신이 공을 칠 때마다 고개를 들고 미스 샷을 연발한다고 가정해보자. 당신의 친구는 대체로 "너는 고개를 숙이지 않았어"라고 말하며 잘못된 샷의 원인으로 고개를 드는 행동을 지적할 것이다. 하지만 그렇지 않다. 미스 샷의 진짜 원인은 당신이 고개를 들 수밖에 없게 만드는 다른 어떤 잘못된 행동이다. 예컨대 골반으로 다운스윙을 주도하는 것이 아니라 어깨나 손으로 시작할 경우, 고개는 올바른 위치에서 이탈할 수 있다. 반대로 올바르게 스윙했다면 고개는 자연스럽게 공을 향할 것이다.

그렇다면 이쯤에서 정확하고 강력하며 일관된 스윙을 만들기 위한 연습에서 유념해야 할 중요 자세와 동작을 간략히 복습해보자.

전설의 골퍼가 남긴 위대한 레슨 5
벤 호건 골프의 기본

128 그립

왼손

클럽을 손바닥 우측 하단의 도톰한 근육 아래에 단단히 붙인 뒤, 이어서 샤프트가 검지의 가장 안쪽 마디를 가로지르도록 놓는다. 주로 힘이 들어가는 부위는 엄지와 검지를 제외한 세 손가락과 손바닥 하단의 도톰한 부분이다. 엄지와 검지 사이에 만들어지는 V자 모양은 오른쪽 눈을 가리킨다.

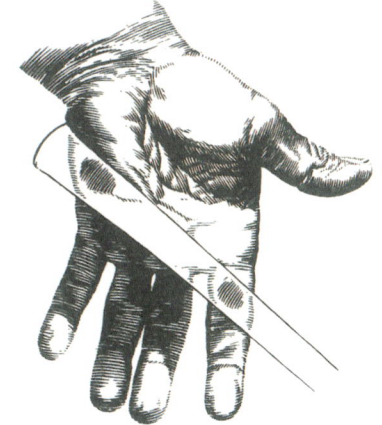

오른손

오른손 그립은 손가락으로 쥔다. 샤프트는 손바닥 아래 손가락의 가장 안쪽 마디를 가로지르게 놓고 쥔다. 중지와 약지에 대부분의 힘이 들어간다. 엄지와 검지를 샤프트에서 떨어뜨린 상태로 그립을 연습해보자. 엄지와 검지 사이에 만들어지는 V자 모양은 턱을 가리킨다.

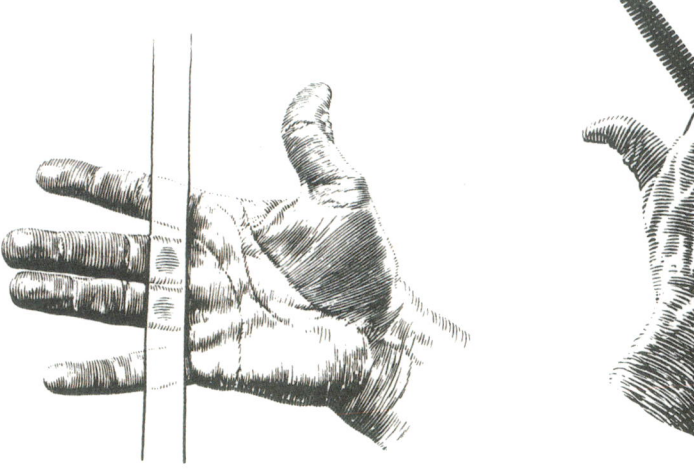

LESSON **5**
요약과 복습

129

완성된 그립

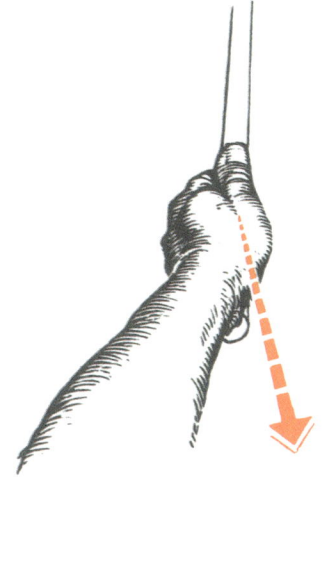

양손은 마치 한 몸처럼 일체감 있게 움직인다. 오른손 새끼손가락은 왼손 검지와 중지 사이의 홈에 단단히 고정한다. 왼손 엄지는 오른 손바닥 안쪽의 움푹 패인 부분에 꼭 들어맞는다.

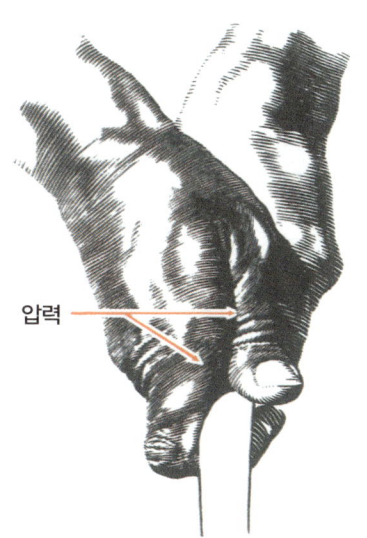

압력

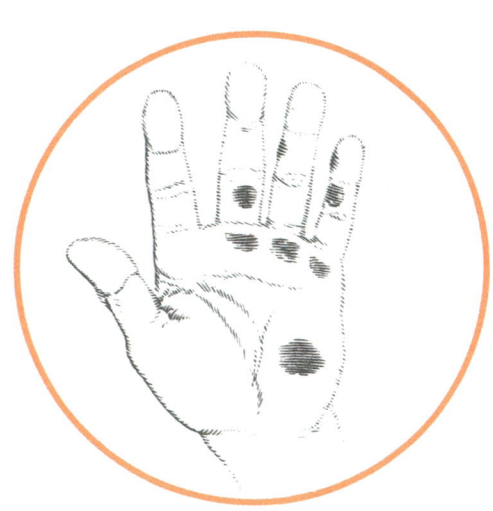

그립을 올바르게 쥐었을 때 생기는 굳은살의 위치

전설의 골퍼가 남긴 위대한 레슨 5
벤 호건 골프의 기본

스탠스와 자세

올바른 기본 스탠스란 단 하나뿐이다.
오른발은 비구선과 직각으로 놓고,
왼발은 4분의 1만큼 왼쪽으로 돌리는 것이다.
5번 아이언을 기준으로 양발은 어깨너비만큼 벌린다.
5번 아이언보다 긴 클럽을 잡았을 때는
양발의 간격을 넓히고, 짧은 클럽에서는 간격을 좁힌다.
양팔과 팔꿈치를 최대한 서로 가깝게
당겨주는 것이 매우 중요하다.
또한 양쪽 무릎이 모두 안쪽을 바라보도록 하는 것도 잊지 말자.

무릎을 구부릴 때 상체는 꼿꼿한 자세를 유지한다.

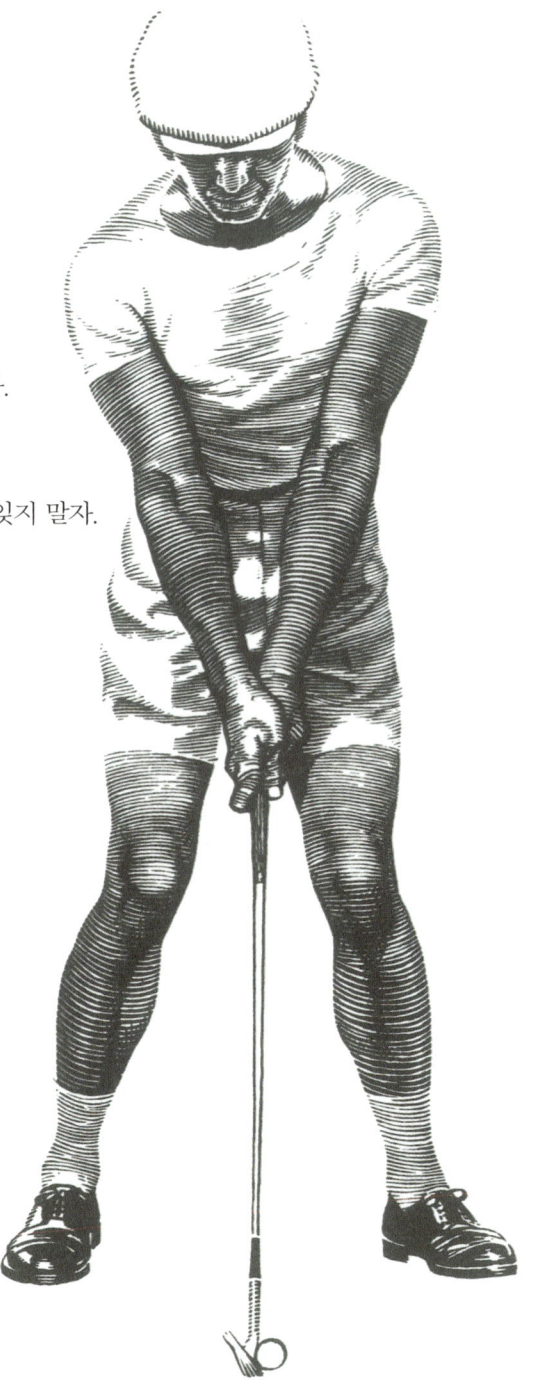

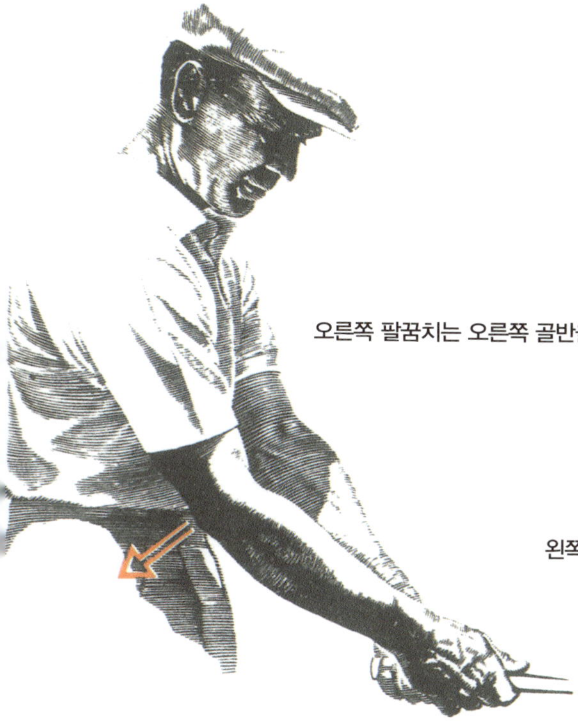

LESSON 5
요약과 복습

131

오른쪽 팔꿈치는 오른쪽 골반을 향한다.

왼쪽 팔꿈치는 왼쪽 골반을 향한다.

올바른 스탠스는 골반의 회전량을
적절하게 제어한다.

전설의 골퍼가 남긴 위대한 레슨 5
벤 호건 골프의 기본

스윙의 전반부

스윙 플레인

백스윙의 스윙 플레인은
공에서부터 어깨까지 이어진다.
백스윙에서 양팔이 골반 높이에 다다르면
양팔은 스윙 플레인과 평행을 이루고,
백스윙이 끝날 때까지 평행 상태를 유지한다.

LESSON **5**
요약과 복습

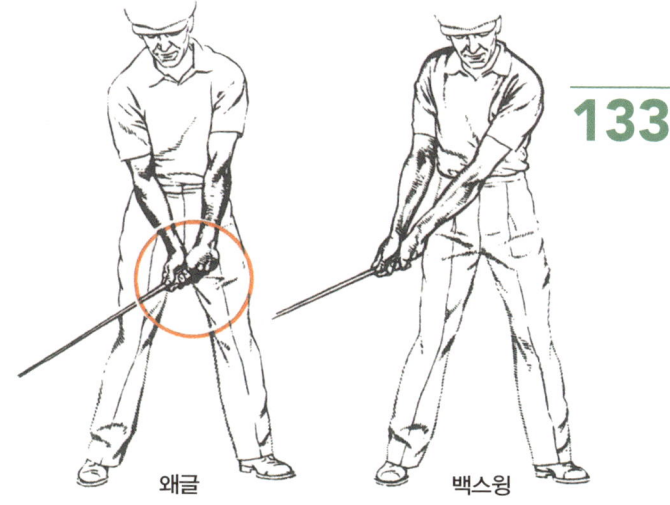

133

왜글   백스윙

왜글

클럽을 뒤쪽으로 왜글할 때 오른쪽 팔꿈치는
항상 오른쪽 골반 앞부분에 있어야 한다.
클럽을 뒤로 하는 왜글 동작을 하며
왼팔 아래쪽 팔뚝이 돌아갈 때
우리는 사실상 백스윙의
스윙 플레인에 진입하게 된다.

움직임의 순서

양손과 양팔, 어깨는 거의 동시에 백스윙을 주도한다.
어깨는 돌아가기 시작하면서 골반의 회전을 이끈다.
골반의 회전을 지연시키면 어깨와 골반 사이 근육에
팽팽한 긴장감이 형성된다.

어깨

골반

전설의 골퍼가 남긴 위대한 레슨 5
벤 호건 골프의 기본

134 스윙의 후반부

○ 어깨
◯ 골반

임팩트 직전 왼손 손목은 외전하기 시작한다.
구부러진 왼손 손목뼈는 타깃 방향을 향한다.

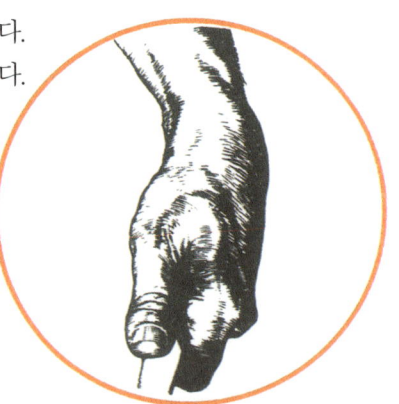

LESSON 5
요약과 복습

다운스윙은 골반을 왼쪽으로 되돌리면서 시작된다.
왼쪽 그림에서 볼 수 있듯이 이러한 골반의 움직임은
자동으로 양팔과 양손을 골반 높이까지 끌어내린다.
다운스윙이라는 연쇄 동작에서 골반은 주축이 되는 요소다.
골반을 왼쪽으로 회전함으로써 몸통과 다리, 양팔은
서로 결합하여 왼쪽으로 움직이게 된다.
다운스윙에 진입하면 각각의 요소들은
스윙의 속도와 힘을 증대하는 데 기여한다.
스윙이란 연쇄 동작의 산물이기 때문에 어깨와 상체는
이 힘을 증대해 팔에 전달하고,
팔은 한 번 더 힘을 키워내 손에 전달한다.
뒤이어 양손도 힘을 증가시킴으로써 클럽 헤드는
엄청난 속도로 공기를 가로질러 공을 때려낸다.

지금까지 살펴본 내용은 진정한 스윙의 기본기만을 추려낸 골프 스윙의 정수다. 정확하고 강력하며 일관된 스윙을 갖추고자 한다면 이것이 전부라고 해도 과언이 아니다. 만약 이러한 기본 동작을 제대로 실행한다면 실력이 꾸준히 일취월장할 것이다. 그리고 이 동작들은 평균적인 신체 능력을 가진 남녀라면 누구나 할 수 있다. 또한 더는 스윙의 타이밍을 맞추려 전전긍긍할 필요도 없어진다. 불가능한 일인데도 손동작으로 스윙을 만들 수 있다고 생각하는 사람들이야말로 결국에는 불규칙한 샷을 만들지 않던가.

반면 스윙을 연쇄 동작에 기반하여 만드는 골퍼들은 저절로 올바른 타이밍을 갖게 된다. 이미 타이밍이 골퍼에게 맞춰진 것이며, 연쇄 동작 자체가 곧 타이밍이라 할 수 있다.

이 책의 레슨이 유용하고 효과적인 또 다른 이유는 골퍼가 하나의 스윙만 익히면 되기 때문이다. **어떤 샷에도 단 하나의 동일한 기본 스윙을 활용하면 된다.** 일반적인 샷이라면 언제나 공은 왼발을 기준으로 같은 위치에 놓여야 한다. 나의 경우 왼발 발꿈치 안쪽에서 1~2.5센티미터 떨어진 곳에 공을 둔다. 물론 이보다 약간 앞쪽에 놓아도 되고 뒤쪽에 놓아도 된다. 개인별로 스윙의 최저점이 어디냐에 따라 달라진다. 단, 어떤 경우에도 왼발을 기준으로 한 상대적인 위치는 변함없어야 한다. 예를 들어 숏 아이언을 치기 위해 양발의 간격을 좁힌다면 오른발을 왼발, 즉 공 쪽으로 옮기며 조정해야 한다.

드라이버, 5번 아이언, 웨지 등 어떤 클럽을 잡든 의식적으로 스윙에 변화를 줄 필요는 없다. 클럽 샤프트의 길이가 바뀌면 의식할 새도 없이 미묘하게 스윙이 달라진다. 예를 들어 나는 43인치 드라이버, 38.5인치 2번 아이언, 37인치 5번 아이언, 34.5인치 웨지를 사용한다. 샤프트의 길이가 짧아질수록 몸은 공에 가까워져야 한다. 이에 따라 자연스럽게 스윙 플레인은 가팔라지고 스윙 아크는 작아진다.

스윙 아크가 작아지면 왼쪽 골반이 빠져나갈 여유가 줄어든다. 이를 보완하기 위해 나는 6번 아이언부터 웨지까지 짧은 클럽을 칠 때는 가벼운 조정을 하는데, 이 방법을 추천하고자 한다. **바로 공을 치기 전부터 왼쪽 골반을 미리 열어두는 것이다.** 아래 그림과 같이 어드레스 때 오른발을 공 쪽으로 약간 옮겨 오면 된다.

이 동작은 왼발을 비구선 뒤쪽으로 옮기고 왼쪽 골반을 살짝 왼편으로 돌리는, 즉 골반을 살짝 여는 효과를 만든다. 이 위치에서 6번 아이언 이하의 짧은 클럽을 친다면 몸은 여전히 풀스윙을 하고 있다는 느낌이 들 것이다. 그러나 실제로는 그렇지 않다. 이 동작은 스윙 아크의 크기를 제한하는 동작으로 그 결과 비거리 손실이 다소 발생한다. 스윙 아크가 작아지면 클럽 스피드가 줄기 때문이다. 하지만 방향성이 좋아지기 때문에 비거리 손실을 충분히 상쇄하고도 남는다. 숏 아이언의 핵심은 정확성이 아니던가.

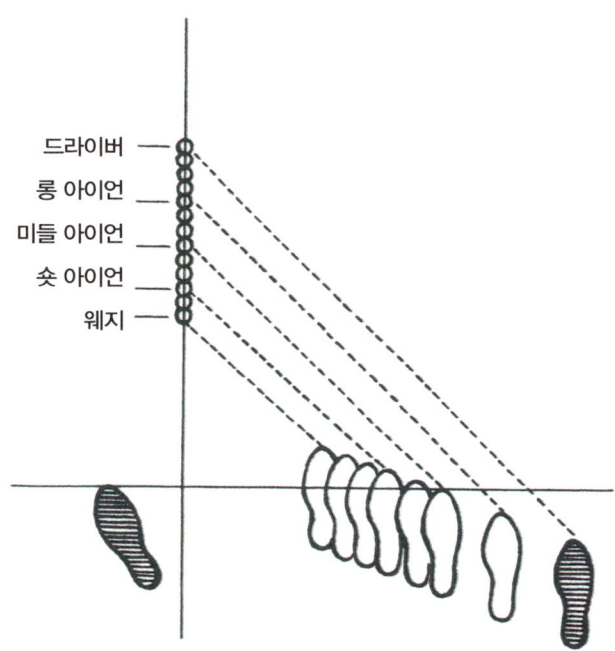

지금까지 살펴본 레슨을 부지런히 학습하면서 각 장마다 적어도 일주일씩 투자해보자. 그렇다면 이미 정확하고 일관된 스윙을 갖추기 위한 여정에 올라탄 셈이 된다. 하지만 한 달 만에 올바른 동작을 완벽히 자기 것으로 습득하길 기대해선 안 된다. 골프 시즌 동안은 연습에서나 실전에서나 기본 동작을 지속해서 꾸준히 연습해야 한다. 움직임을 꾸준히 몸에 익힌다면 점차 스윙 동작을 쉽고 효율적으로 수행하는 자신을 발견할 것이다.

이처럼 체계적으로 기본 원칙들을 학습한 골퍼의 경우, 6개월이라는 짧은 시간 안에 70대 진입을 목전에 두거나 실제로 70대에 진입할 수도 있다. 게다가 앞으로도 자신이 꾸준히 발전할 것이라 확신하게 된다. 이것이야말로 가장 큰 기쁨이 아니겠는가.

한 시즌만이라도 스윙의 기본기를 따라 연습하고 몸에 익힌다면 올바른 동작은 제2의 천성으로 자리 잡는다. 그리고 근육이 기억하는 스윙을 더욱 신뢰하게 된다면 그만큼 경기 운영에 더 신경 쓸 수 있다. 예를 들어 각 홀마다 적절한 공략법을 고민하고, 핀까지 가는 여러 길 중에 어떤 길이 가장 현명한지를 판단하며, 지형지물을 고려한 최적의 샷을 펼치는 것이다. 즉, 경기를 이해하고 잘 풀어갈 능력이 있는 골퍼가 되면 훌륭한 골프 코스가 선사하는 새로운 도전에 언제나 응할 여유가 생기게 된다.

나는 언제나 모든 운동 가운데 골프가 최고의 스포츠라고 생각해왔다. 가장 흥미롭고, 가장 도전적이며, 가장 보람차다고 믿는다. 이처럼 경이로운 매력과 훌륭한 정신이 깃든 게임의 일원이 되어 살아왔다는 점에서 형용할 수조차 없는 희열을 느낀다.

골프는 해리 바든, 프란시스 위멧, 밥 존스, 월터 하겐, 진 사라센, 토미 아머, 샘 스니드, 바이런 넬슨, 지미 디마렛과 같은 걸출한 챔피언과 매력적인 인물들을 배출했다. 물론 이 밖에도 위대한 선수들이 즐비하다.

내게 골프는 말 그대로 전 세계 어디를 가도 통하는 보편적인 언어였다. 골프에 몸담은 매 순간을 진심으로 즐겼고, 특히 골프를 통해 훌륭한 친구들을 만날 수 있어 행복했다. 또한 골프를 연습하고, 실제로 치르는 경기를 너무나 사랑했다. 내일 일정이 토너먼트 라운드이든 단순한 연습이든 상관없이, 골프가 있다는 사실만으로 영광이었고 말할 수 없이 행복했다. 그저 빨리 내일의 해가 밝아 다시 코스에 나설 수 있기를 바랄 뿐이다.

BEN HOGAN

HISTORY, CONTEXT, AND LEGACY

벤 호건의
발자취와 유산

매
THE HAWK

벤 호건과 벤 크렌쇼만큼 골퍼이자 한 인간으로서 서로 이렇게까지 다른 두 사람을 떠올리긴 어려울 것이다. 물론 두 사람 모두 텍사스 출신에 '벤'이라는 이름을 가졌고, 오거스타 내셔널에서 두 차례 우승했으며, 골프라는 스포츠가 지닌 역사와 전통, 예법과 정신을 깊이 중시하는 골퍼라는 공통점이 있다. 호건은 매년 마스터스에서 열리는 챔피언스 디너(마스터스 토너먼트 우승자들이 모이는 저녁 만찬으로, 전년도 우승자가 호스트를 맡는다 – 옮긴이)를 창설한 인물이고, 여러 해가 지난 후 크렌쇼 역시 이 화요일 저녁 만찬의 주최자가 되었다.

그러나 두 사람이 골프를 대하는 방식은 사뭇 달랐다. 크렌쇼가 '골프 예술가'였다면, 호건은 연습장에서 전략을 다듬고 코스에서 이를 정밀하게 실행해낸 '코스의 설계자'였다. 크렌쇼의 이름을 들으면 누구나 그의 섬세한 퍼팅을 떠올리지만, 호건에게 퍼팅은 그다지 중요하지 않은 요소였다. 그는 퍼팅이 지나치게 과대평가된 기술이라고 여겼다.

하지만 세계적인 '호건 애호가' 마틴 데이비스가 집필한 《호건의 신비(The Hogan Mystique)》의 서문에서 크렌쇼는 두 사람 사이의 공통점이 생각보다 훨씬 많다는 사실을 보여준다. 크렌쇼가 호건에게 끌린 이유는 그립에서 왼손 엄지의 위치처럼 기술적인 철학 때문이 아니었다. 물론 그런 요소들 또한 중요하고 흥미로웠지만, 그가 진정으로 감명받은 것은 호건이 지닌 섬세한 예술성과 끊임없이 발전하려는 헌신이었다. 그 헌신은 마치 호건을 중심으로 강한 자기장이 형성된 듯한 느낌을 주었고, 크렌쇼는 자연스럽게 그 안으로 빨려 들어갔다.

골프라는 스포츠가 계속되는 한, 벤 호건이라는 이름은 진정한 골프 애호가들에게 언제나 깊은 존경의 대상이자 특별한 감동을 주는 존재로 남을 것이다. 골프를 가까이에서 지켜보는 이들에게 그는 위대한 선수의 전형 그 자체다.

쥴스 알렉산더는 《호건의 신비》를 장식한 멋진 호건의 사진들이 어떻게 탄생했는지에 대한 이야기를 들려주었다. 오랫동안 사진사로 활동해온 그는 처음으로 큰 골프 토너먼트에 출장 촬영을 가게 되었는데, 바로 1959년 뉴욕 윙드풋에서 열린 US오픈으로 빌리 캐스퍼가 우승한 경기였다. 그는 우연히도 큰 행운이 찾아왔다고 그날을 회상했다.

6월 11일, 경기가 시작되기 전 쥴스는 연습 라운드가 진행 중인 코스를 거닐며 풍경을 감상하고 있었다. 그때 사람들의 특별한 관심을 한 몸에 받는 어떤 인물이 눈에 들어왔다. 보통 체격에 단정한 옷차림을 한 그 남자는 인상적인 하얀색 모자를 쓰고 있었다.

쥴스는 단번에 그 남자로부터 특별한 무언가를 느꼈다. "어딘지 모르게 매혹적인 사람이었어요." 그는 말했다. "자연스럽게 그 조를 따라다녔고, 처음엔 무작위로 그 사람을 몇 장 찍어봤어요. 그런데 이상하게도 제가 그날은 사진을 평소보다 많이 찍고 있더라고요. 대회 기간 내내 마찬가지였어요. 결국 필름 여러

통을 사용했죠."

그리고 그 결과로 《호건의 신비》에 실린 사진들이 탄생했다. 개인적으로는 벤 호건의 스윙 동작을 가장 잘 담아낸 사진이라고 생각한다. 자기 일을 진심으로 사랑하는 한 남자의 열정과 자부심이 사진에 오롯이 담겨있다. 특히 줄스같은 진정한 예술가만이 포착할 수 있는 호건의 진면목이 사진 속에서 제대로 표현되어 살아 숨 쉰다.

윌리엄 벤 호건은 1912년에 태어났으며, 같은 해에 태어난 바이런 넬슨, 샘 스니드와 함께 미국 골프의 '위대한 삼총사'로 불린다. 9살에 아버지를 여읜 그는 형 로열, 어머니와 함께 텍사스주의 더블린을 떠나 포트워스로 이사했다. 어린 벤 호건은 신문 배달을 비롯해 여러 가지 일을 했지만, 그 어떤 일에도 흥미를 느끼지 못했다. 하지만 가족의 생계를 위해서는 어쩔 도리가 없었다.

그는 12살 무렵에 캐디 일을 시작했다. 당시 골프를 좋아하던 또래들에 비해 다소 작은 체격이었지만, 그는 어린 나이에 이미 프로 골퍼가 되겠다는 결심을 굳혔다. 그 시절의 캐디 생활은 누구나 강인해질 수밖에 없는 거친 경험이었다. 선배 캐디들은 특히 신참들에게 가혹하게 대하곤 했지만, 글렌 가든 클럽에서의 캐디 생활은 그에게 뜻밖의 즐거움과 값진 결과를 안겨주었다. 호건은 야외에서 시간을 보내며 다른 사람들이 골프를 치는 모습을 보는 데서 즐거움을 느꼈고, 이내 골프에 더욱더 깊이 빠져들었다.

캐디 생활에서 얻은 또 하나의 커다란 수확은 함께 캐디를 했던 바이런 넬슨과의 경쟁이었다. 훗날 골프계의 두 전설이 같은 곳에서 성장했다는 사실은 놀라운 우연이 아닐 수 없다. 이 경험은 둘의 평생 우정의 토대가 되었을 뿐만 아니라 각자의 골프 실력을 키우는 데도 큰 도움이 되었다.

흔히 잘못 알려진 것과 달리 호건은 왼손잡이가 아니다. 골프를 처음 시작할 때 구할 수 있었던 클럽이 왼손잡이용 5번 아이언뿐이어서 자연스럽게 왼손으로 치게 되었다. 오른손잡이였던 그는 처음으로 골프 클럽 세트를 장만한 후로는 오른손으로 플레이했다.

나는 텍사스에서의 삶이 호건의 골프 실력을 크게 향상시켰다고 확신한다. 당시 포트워스 인근에는 강인한 심성을 지닌 인물들이 많았다. 그들은 특유의 대담함과 승부사 기질로 석유 산업에서 막대한 부를 축적했다. 호건은 자연스럽게 그들의 태도와 정신을 익혔다. 특히 승자는 좀처럼 속마음을 드러내지 않는다는 사실도 체득했다. 개인적으로는 텍사스의 거친 환경을 견뎌낼 수 있다면 어디서든 살아남을 수 있으리라고 생각한다.

초창기 호건의 골프 실력은 좀처럼 늘지 않았다. 1931년 프로 골퍼로 전향했지만, 투어에서 자리 잡지 못하고 두 번이나 빈손으로 포트워스로 돌아와야만 했다. 그러나 그럴수록 그는 하루도 거르지 않고 연습에 매진했다. 그의 절친한 친구 지미 디마렛은 호건과 넬슨이 이렇게 긴 연습 세션의 개념을 프로 골프계에 처음으로 도입했다고 말할 정도였다.

그런데도 그는 낮게 깎여 나가는 훅 샷 때문에 밤잠을 설치곤 했고, 이 문제는 계속해서 그를 괴롭혔다.

첫 번째 투어 도전 후 포트워스로 돌아온 호건은 인생에서 가장 훌륭한 결정을 내린다. 바로 발레리 폭스와의 결혼이다. 이 훌륭한 여성에 대한 이야기는 많이 알려지지 않았지만, 길고 힘겨운 초기 투어 생활과 프로 골퍼의 아내로서 감수해야 했던 희생에도 불구하고 그녀는 흔들리지 않았다. 호건의 선수 생활 내내 두 사람은 늘 완벽한 한 쌍이었다.

호건은 운 좋게도 좋은 친구들을 곁에 둘 수 있었다. 포트워스의 부유한 백화점 사장이었던 마빈 레너드는 훗날 콜로니얼과 셰이디 오크스 컨트리 클럽을 설립한 인물로, 프로 초창기 시절의 호건을 후원했다. 두 사람은 평생 동안 깊은 우정을 나누었다. 또한 1937년에는 투어를 이어갈 자금이 부족했던 호건 부부에게 당대의 뛰어난 골프 선수였던 헨리 피카드가 금전적인 지원을 제안했다. 비록 그 도움을 실제로 받지는 않았지만, 누군가가 그런 제안을 해주었다는 사실 자체가 한 줄기 희망이 되어 1938년에 마침내 돌파구를 마련할 때까지 호건이 버틸 수 있는 힘이 되어주었다.

한편, 이 모든 절망과 시련의 시간은 젊은 호건을 더욱 강인하게 만들었다. 사람들은 점차 그를 보며 강철 같은 의지와 엄청난 자기 절제력을 지닌 사람이라고 말하기 시작했다. 그리고 그는 누구보다 치열하게 성공을 위해 싸울 준비가 되어 있었다. 그는 타협을 요구하지도, 받아들이지도 않는 사람이었다.

벤 호건이 세계 최고의 정교한 샷을 구사한다는 사실은 의심할 여지가 없지만, 개인적으로는 그의 빠르고 분석적인 사고력이야말로 골프 챔피언으로서 그가 갖춘 가장 뛰어난 자질이라고 생각한다. 그는 다소 내성적이고 외톨이 같은 면이 있었지만, 골프가 주는 고요함과 그만의 독특한 도전 정신 속에서 깊은 애정과 열정을 발견해냈다.

호건은 탁월한 판단력을 바탕으로 골프 코스 위의 뛰어난 설계자가 되었다. 그는 코스를 빠르게 분석하고 공략법을 파악했다. 자신의 기량을 효율적으로 발휘하고 게임 플랜을 철저히 지키는 것은 그의 트레이드마크였다.

일례로 1966년 US오픈을 앞두고 젊은 브루스 데블린은 벤 호건과 함께 올림픽 클럽에서 연습 라운드를 진행할 기회를 얻었다. 브루스는 처음 접하는 코스였는데, 당시 올림픽 클럽 6번 홀 페어웨이 왼편에는 단 하나의 벙커만 있었다. 이전 홀들에서는 페어웨이 벙커를 본 적이 없던 브루스는 호건에게 그 벙커가 경기에서 영향을 미칠지를 물었다. 그러자 호건은 간단히 대답했다. "아니, 그냥 벙커 오른쪽으로 치면 돼."

호건의 업적과 우승 기록은 숫자로 명확히 남아 있다. 하지만 그보다 우리 기억 속에 더 깊이 각인된 것은 그가 경기를 풀어나가고 승리하는 방식이다. 어느

HISTORY, CONTEXT, AND LEGACY
벤 호건의 발자취와 유산

날, 야디지 북에 지나치게 의존해 클럽을 선택하는 골퍼들에 대한 이야기가 나오자 코스를 세밀하게 관찰하고 분석하며 직감을 바탕으로 플레이하는 것을 선호했던 호건은 이렇게 말했다. "그렇게 하면 멋진 샷을 성공했을 때의 짜릿함을 느낄 수 없잖아요."

그는 종종 자신의 티샷이 멈춘 지점보다 조금 앞까지 걸어가곤 했다. 그의 티샷은 거의 예외 없이 페어웨이에서 가장 이상적인 지점에 안착해 그린을 공략하기에 최적의 각도를 만들어냈다. 그는 그곳에서 어프로치 샷을 앞두고 신중하게 상황을 살폈다. 불필요한 동작 없이 가볍게 연습 스윙을 하고, 셋업을 마친 뒤 몇 번의 왜글을 곁들였다. 그리고 나면 경쾌한 임팩트와 함께 공이 날아갔다. 공은 마치 유도미사일처럼 정확히 목표 지점을 향해 날아갔다. 어느 때는 핀을 직접 노리기도 했고, 까다로운 퍼팅 상황을 대비한 최적의 지점을 찾아가기도 했다.

이처럼 코스를 철저히 분석하고 최적의 공략법을 찾기 위한 끊임없는 관찰과 연구는 그에게 '매(The Hawk)'라는 별명을 안겨주었다. 가장 까다로운 코스조차 단숨에 제압하고 정밀하게 해부해나가는 그의 플레이 스타일을 생각하면 이보다 더 적절한 별명은 없을 것이다.

이러한 엄청난 집중력뿐만 아니라, 그는 모든 챔피언이 지닌 또 하나의 자질인 무한한 인내심도 갖추고 있었다. 한 번은 콜로니얼 내셔널 인비테이셔널 토너먼트에서 데이브 마르와 호건이 같은 조로 경기하게 되었다. 호건은 첫 홀에서 운이 따르지 않아 더블 보기를 범했다. 데이브는 호건과 가까운 사이였기에 2번 홀로 이동하며 가볍게 말을 건넸다. "오, 벤, 출발이 좋지 않은데?" 호건은 이렇게 대답했다. "그래서 골프가 18홀까지 있는 것 아니겠어?" 호건은 결국 특유의 침착한 경기 운영 끝에 69타로 경기를 마무리했다. 참고로 당시 콜로니얼 대회 코스는 오늘날보다 난이도가 훨씬 높았다는 사실을 상기하기를 바란다.

또한 호건은 자신의 직업과 골프라는 스포츠 자체에 깊은 자부심과 존경심을 가지고 있었다. 이는 그의 외모에서도 분명히 드러났다. 언제나 깔끔하고 단정한 모습이었으며 세련된 스타일을 유지했다. 호건의 옷차림은 그의 성격과 태도를 그대로 반영했다. 그는 늘 이렇게 말하곤 했다. "저는 결코 누구에게도 불쾌감을 주고 싶지 않아요."

대회 중 그는 영국의 맥스웰이라는 회사에서 맞춤 제작한 골프화를 착용했다. 단순히 멋진 디자인뿐만 아니라 취향에 맞게 특별히 추가된 스파이크까지 달린 신발이었다. 그의 트레이드마크인 흰색 모자, 수제 골프 셔츠 그리고 칼주름이 날카롭게 잡힌 바지는 그만의 독보적인 스타일을 완성했다.

한 번은 그가 벤 호건 컴퍼니의 연례 영업회의에서 단정하고 세심한 외모의 중요성을 직접 보여준 적이 있다. 처음에 그는 헝클어진 머리에 어울리지 않는 코트와 타이를 메고 회의장에 나타났다. 그리고는 잠시 자리를 비운 뒤, 평소처럼 깔끔하고 세련된 차림으로 다시 들어와 참석자들에게 이렇게 물었다. "자, 질문 하나 드리겠습니다. 여러분이라면 지금 본 두 사람 중 누구와 비즈니스를 함께하고 싶으신가요?"

보수적인 성향이 강했던 벤 호건은 몇 년 전에 젊은 골퍼들 사이에서 유행했던 긴 머리 스타일을 탐탁지 않게 여겼다. 너새니얼 크로스비는 이에 대한 일화를 전했다. 그는 조지 콜먼 부부의 집에 초대받아 호건 부부와 함께 머물렀다. 하루는 너새니얼이 이른 아침에 일어나 샤워를 하고 옷을 갈아입은 뒤 방으로 돌아가던 중에 호건과 마주쳤다. 그는 한 손에는 수건, 다른 손에는 헤어드라이어를 들고 있었다. 호건은 헤어드라이어를 힐끗 보더니 믿을 수 없다는 듯이 말했다. "도대체 그걸로 뭘 하려는 거야?"

호건이 확고한 신념을 가진 사람이라는 말은 과장이 아니라 오히려 부족한 평가다. 그의 말은 언제나 바위처럼 단단한 약속이었다.

HISTORY, CONTEXT, AND LEGACY
벤 호건의 발자취와 유산

1950년 메리언에서 열린 US오픈에서 로이드 맹그럼, 조지 파지오 그리고 호건 간의 연장전을 앞두고, 에드 설리번은 호건에게 연장전 다음 날에 본인의 TV 프로그램 〈화제의 스타들(Toast of the Town)〉에 출연하면 1,000달러를 주겠다고 제안했다. 설리번은 호건이 승리하든, 패배하든 상관없이 이 제안은 유효하다고 못을 박았다.

연장전에서 승리한 직후, 호건은 1,500달러를 제안하는 또 다른 TV 프로그램의 출연 요청을 받았다. 대부분의 사람이라면 두 방송에 모두 출연하거나 혹은 더 높은 출연료를 제시한 방송만 선택하는 것을 어렵지 않게 여겼을 것이다. 설리번과 독점 계약을 맺은 것도 아니었기 때문이다.

하지만 그런 행동은 호건에게는 있을 수 없는 일이었다. 그는 약속한 대로 설리번의 방송에만 출연했고, 이후 받았던 더 높은 출연료의 제안은 조용히 거절했다.

젊은 시절의 벤 호건은 근면을 가치 있게 여기며 끊임없이 노력하는 사람이었다. 하지만 단순히 근면 성실하기만 했던 것이 아니라, 누구보다 연습 자체를 사랑했다. 연습은 그에게 있어서 삶의 원동력이었다. 끝없는 연습을 통해 자신의 스윙을 분석하고 발전시킨 그는 결국 만성적인 훅을 자신의 트레이드마크인 '파워 페이드 샷'으로 바꾸는 데 성공했다.

전성기뿐 아니라 그 이후의 몇 년 뒤까지도 그의 스윙, 특히 손의 힘은 벤 호건의 본성만큼이나 강력하고 에너지가 넘쳤다. 그의 어드레스 자세는 철저하게 계획된 동작이었으며, 자세와 발동작은 완벽한 균형을 이루었다. 군더더기 없는 사전 동작에서는 공에 대한 완벽한 지배력이 느껴졌다. 샷을 하기 전 그의 표정에서는 이미 정해진 결과가 보이는 듯했고, 마치 공은 그의 명령에 굴복할 수밖에 없다는 인상을 풍겼다.

그 어떤 골퍼도 호건만큼 강하고 위압적인 스윙을 하지는 못했다. 그의 손은 마치 한 쌍의 바이스(목공, 기계 작업 등을 위해 작업물을 고정하는 기구 – 옮긴이)처럼 몸의 힘을 완벽한 통제력으로 정확하게 공에 전달했다. 그의 어드레스 자세는 매우 기능적이고 역동적이었으며, 손과 팔뚝, 다리, 허리에서 전달되는 놀라운 파워와 결합되어 백스윙을 강력한 꼬임 동작으로 만들었다. 호리호리한 그의 몸은 마치 기계처럼 끝없이 꼬이면서 최대한의 힘을 축적했다. 이어지는 다운스윙에서는 손의 속도가 빛처럼 빠르게 증가하며 힘을 방출했고, 몸의 왼쪽 축을 중심으로 공을 있는 힘껏 때렸다. 내가 본 골퍼 가운데 호건만큼 공을 찢을 듯이 강타하는 파괴적인 스윙을 보여준 선수는 없었다.

나는 몇 년 전 콜로니얼에서 오전 라운드를 마친 후 셰이디 오크스 컨트리 클럽을 방문했을 때를 생생하게 기억한다. 당시 나는 래니 왓킨스와 함께 호건이 3번 아이언과 4번 우드를 치는 모습을 지켜봤다. 개인적으로 래니를 최고의 샷을 가진 선수 중 하나로 생각해왔는데, 우리 둘 다 호건이 임팩트 순간에 방출하는 엄청난 힘에 압도되어 넋을 놓고 바라볼 수밖에 없었다.

이것이 내가 기억하는 호건의 모습이다. 그는 한 샷, 한 샷에 공을 찢을 듯한 파괴력과 지배력을 담아 때렸고, 공은 호건의 명령과 의지에 복종해야만 했다. 목표를 향해 레이저처럼 날아가는 모습은 마치 공의 숙명과도 같아 보였다. 나는 이 같은 샷과 타구음을 그 전에도 그리고 그 이후에도 경험하지 못했다. 그 소리는 호건만의 전유물이었다.

그 외에도 인상적인 두 장면이 있다. 첫째는 매우 넓고 부드러운 그의 백스윙 아크고, 둘째는 공을 칠 때 그의 손과 손목이 보여준 역동적인 움직임이다. 그가 말 그대로 한 샷, 한 샷을 전력을 다해 때릴 때마다 그의 공은 지루할 정도로 매번 같은 탄도, 같은 궤적을 그리며 벌처럼 날아갔다.

내가 그의 샷을 벌의 날갯짓에 비유한 이유는 실제로 그의 샷에서 '윙윙' 소리가 났기 때문이다. 그의 3번 아이언 샷이 어찌나 강력했는지, 우리는 엄청난 백스핀이 만들어내는 윙윙 소리를 분명히 들을 수 있었다. 어떤 샷은 뒤에서 보면 마치 클럽의 토 부분에 살짝 맞은 것처럼 보였지만, 사실 이는 호건이 클럽을 약간 덮듯이 그립을 잡았기 때문이었다. 덕분에 아무리 강하게 스윙해도 클럽 페이스가 쉽게 열리지 않았다.

잭 버크는 아직도 호건이 마스터스 대회 5번 홀에서 친 4번 우드샷을 기억한다고 말한다. 클럽과 샤프트가 공과 지면에 맞닿는 소리가 났다. "그의 힘에 샤프트가 어찌나 크게 휘었는지, 샷에서 '카후우움!' 하는 굉음이 났어요."

어느 해의 마스터스 대회에서는 1935년 15번 홀에서 진 사라센이 기록한 더블 이글(알바트로스)을 재현하는 이벤트가 열렸다. 당시 그린이 매우 단단했음에도 불구하고 호건은 4번 우드로 그린에 공을 올린 몇 안 되는 선수 중 하나였다. 단단한 그린에 공을 부드럽게 올려 세우려면 공을 다소 아웃 인 궤도로 치면서도 엄청난 힘을 실어야 한다. 이 상황에서 공을 멈추게 하려면 공을 정말 강하게 눌러 쳐야 한다. 호건은 이 샷을 완벽하게 구사할 줄 알았다.

호건의 팬들은 그의 전방위적인 공 컨트롤 능력에 매료되었다. 특히 그는 코스에서 더욱 빛을 발했다. 내가 아는 한, 호건은 전성기가 지나고 나서도 젊은 투어 선수들이 자신의 라운드를 마친 후에도 꾸준히 따라가서 관찰하고 연구할 만큼의 영향력을 가진 유일한 선수였다. 아이언 샷을 날려 그린 중앙에 공을 안착시킨 뒤, 그가 의도한 대로 왼쪽 혹은 오른쪽으로 휘어서 홀을 향해 굴러가게 하는 장면은 경이로웠다. 과연 그 누구라 해도 호건에게서 핀을 숨길 방법이 있기나 했을까?

그의 철저한 사고방식과 탁월한 샷 메이킹 능력을 보여준 셰이디 오크스 연습장에서의 일화를 하나 더 소개하고자 한다. 바람이 많이 불던 어느 날, 호건을 오래전부터 잘 알고 함께 골프를 자주 쳤던 내 친한 친구와 나는 호건의 플레이를 지켜보고 있었다. 호건은 몇 차례 6번 아이언 샷을 강하게 날린 뒤 5번 아이언으로 바꿨다. 그래도 여전히 바람을 뚫고 나가는 강한 탄도의 샷을 이어갔다.

　잠시 휴식을 취하는 동안 내 친구가 그에게 물었다. "벤, 바람이 강하게 불 때 공을 낮게 치기 위해서는 무엇을 신경 쓰나요?" 호건은 질문을 받으면 종종 고개를 숙인 채 한참 동안 생각에 잠기곤 했다. 때로는 그 시간이 너무 길어 어색한 침묵이 흐를 정도였다. 이번에도 그는 깊은 생각에 빠졌고 우리는 조용히 그의 대답을 기다렸다. 마침내 호건이 고개를 들고 입을 열었다. "나는 두 번째 그루브(클럽 페이스에 새겨진 얇고 평평한 홈 - 옮긴이)에 공을 맞추려고 해."

　바람이 많이 부는 텍사스에서 골프를 배운 사람이라면 누구나 이해할 만한 완벽한 대답이 아닐 수 없다!

1994년 《호건의 신비》 수록

벤 크렌쇼

HISTORY, CONTEXT, AND LEGACY
벤 호건의 발자취와 유산

불가능은 없다. 다만 시간이 조금 걸릴 뿐 :
우리는 다시는 호건의 우승과 같은 승리를 볼 수 없을 것이다
THE IMPOSSIBLE TAKES A LITTLE LONGER:
WE SHALL NOT LIVE TO SEE ANYTHING LIKE IT (HOGAN WIN) AGAIN

153

레드 스미스는 20세기 미국의 주요 신문 스포츠 칼럼니스트로, 자신만의 독창적인 집필 방식으로 주목받은 기자다. 그는 호건보다 7년 앞선 1905년에 태어나 미국의 모든 주요 스포츠와 최고의 선수에 대해 자신만의 재치 있고 세련된 문체로 글을 썼고, 자연스럽게 골프와 호건에 대해서도 많은 글을 남겼다. 그는 선수들을 '신격화(그의 편집자가 사용한 표현이다)'하지 않았으며, 캐디, 마구간 마부, 경기장 직원까지도 똑같은 관심과 애정으로 지면에 담았다. 그는 스포츠의 이면을 사랑했다. 스미스는 〈뉴욕헤럴드트리뷴〉과 〈뉴욕타임스〉에서 일하면서 널리 글을 기고했으며, 퓰리처상을 수상했고, 어니스트 헤밍웨이의 소설에도 언급된 바가 있다. 그의 작품은 여러 선집에 실려 오늘날까지 전해지며 노먼 메일러, 존 업다이크 등 다른 문학계의 거장들과 어깨를 나란히 한다.

스미스는 〈필라델피아레코드〉에서 9년간 칼럼리스트로 일하며 메리언 골프 클럽을 잘 알게 되었고, 운동선수가 큰 시련을 겪고 복귀한다는 것이 어떤 의미인지 깊이 이해하게 되었다. 그는 복싱 선수나 미식축구의 쿼터백, 경주마가 다시 일어서는 모습을 자주 글로 썼다. 이 책에 재수록된 그의 칼럼은 1950년 메리언에서 열린

전설의 골퍼가 남긴 위대한 레슨 5
벤 호건 골프의 기본

154

US오픈을 다룬 글이다. 호건이 목숨을 잃을 뻔했던 교통사고를 당한 지 16개월 뒤에 이를 딛고 일어나 기적 같은 승리를 거머쥔 대회다. 이 글이 주목받는 이유는 두 가지 때문이다. 첫째, 이 칼럼의 작성자가 레드 스미스라는 사실이다. 레드 스미스는 당시 수백만 명의 독자에게 스포츠에 대한 관점을 형성해주던 인물이었다. 둘째, 시간이 흐르면서 더욱 의미가 깊어진 평가 때문이다. 과장과는 거리가 먼 스미스조차도 당시 "호건의 1950년 US오픈 우승은 영원히 기억될 것이다"라고 썼는데, 실제로 그의 말처럼 그 우승은 지금까지도 골프 역사상 가장 위대한 순간 중 하나로 남아 있다.

―――

승부를 겨루는 경쟁 스포츠 역사에서 벤 호건의 US오픈 우승과 견줄 만한 업적이 존재하기나 할까? 그의 우승을 다른 어떤 성취와 비교하는 것 자체가 그의 업적에 대한 과소평가를 넘어 말로 형용할 수 없을 정도로 어불성설에 가까운 일이다. 우리는 다시는 이런 순간을 목격할 수 없을 것이다.

필라델피아 외곽의 메리언 골프 클럽에서 열린 타이틀 결정전이 끝난 뒤, 벤 호건은 기자들에게 교통사고 이야기를 부각하지 말아달라고 요청했다. 16개월 전에 일어난 그 사고는 그의 생명과 의지를 제외한 모든 것을 앗아갔다. 골프라는 스포츠가 존재하는 한 영원히 후대에 전해질 이야기이긴 했지만, 그는 기자들이 그 사건을 다루지 않기를 바랐다. 호건은 메리언에서 지난 나흘간 있었던 일은 그저 골프 이야기로만 기록되어야 한다고 생각했다. 그러나 그는 자신이 해낸 일이 단순한 골프 경기 우승이 아니라 그보다 훨씬 더 거대한, 한 인간의 도전과 극복에 대한 이야기라는 사실을 깨닫지 못했다.

스포츠 문학에서는 육체적 한계를 극복해낸 선수들의 이야기가 즐비하다. 하지만 호건의 업적은 단순한 신체적 승리를 넘어선 경이로운 회복력의 증명이었다. 아마도 우리 인생에서 단 한 번쯤은 감상적이지 않으면서도 정확하게 이렇게 말할 수 있는 순간이 있을 것이다. "이것은 정신의 승리이며 의지가 만들어낸 완전한 업적이다!" 벤 호건의 이야기가 바로 그런 이야기였다.

벤 호건은 언제나 강인한 사람이었다. 사람들은 그를 '리틀 벤'이라고 불렀지만, 그는 작은 몸집에도 불구하고 거대한 존재였다. 마치 고래뼈처럼 단단하고 가죽끈처럼 질긴 단단한 체구를 지녔고, 육체적으로나 정신적으로나 강인했다. 그는 골프장에서 처음으로 일자리를 얻기 위해서 캐디들 가운데 가장 싸움을 잘하는 녀석을 꺾어야 했다. 더 나아가 투어 무대에서 선수로서 자리 잡기 위해서 불운과 실패를 이겨내고, 자신의 성격과 경제적 어려움을 극복해야 했다.

또한 강인함이 요구되는 힘겨루기 무대에서 그는 자신보다 덩치가 크고 힘이 센 경쟁자들을 압도해야 했다. 결국 그는 골프의 모든 기술을 완벽히 익힘으로써 당대 최고의 선수가 되었고 자기 자신을 완전히 통제함으로써 가장 이상적인 선수의 모습을 완성했다.

그러나 그가 탄 자동차가 버스와 충돌하면서 그의 몸은 산산조각이 났다. 생존조차 불투명했지만, 그는 살아남았다. 다시 걸을 수 있을지조차 확신할 수 없는 상황이었다. 골프는 당구를 제외하면 그 어떤 스포츠보다도 철저한 근육과 신경의 통제, 강인함과 섬세함, 집중력 그리고 상상력을 지배하는 능력을 요구한다. 하지만 호건의 뼈는 부서졌고, 근육은 찢어졌으며, 신경은 심각하게 손상되었다.

다시 걷는 법을 배우기 전에 일어서는 법부터 익혀야 했다. 몇 달간의 치료가 끝난 후에도 매일 몇 시간씩 마사지를 받아야 했다. 그리고 나서야 겨우 한 걸음을 내디딜 수 있었다. 점차 방 안을 걸을 수 있게 되었고, 마침내 동네를 걸을 수 있게 되었다. 방 안에서는 제자리 뛰기를 반복하며 몸을 단련했고, 양손으로 고 무릎을 쥐었다 폈다 하며 근육과 신경을 하나씩 되살려나갔다.

오래 서 있을 만큼 충분히 회복되기도 전에 그는 다시 투어에 복귀했다. 샷을 하는 중간마다 의자에 앉아 휴식을 취해야 했다. US오픈에 출전했을 때도 그의 걸음걸이는 여전히 뻣뻣했고 코스에서는 골프 클럽을 지팡이처럼 짚어야 했다. 호텔 로비에서는 반듯한 자세를 유지했지만, 항상 기둥에 등을 기대야만 했다.

메리언은 난이도가 높고 협소한 코스로 샘 스니드, 지미 디마렛, 캐리 미들코프 같은 걸출한 선수들조차 파(70타)를 기록하는 것이 쉽지 않았다. US오픈 기간 동안 메리언 골프장은 극심한 혼잡을 빚었으며 클럽하우스에서 18번 홀까지 가는 길은 찌는 듯한 더위 속에서 곳곳이 정체되어 있었다. 이곳에서는 단순히 이동하는 것조차도 쉽지 않았다. 건강한 사람들조차도 뜨거운 태양 아래에서 18홀을 돌고 나면 기진맥진할 정도였다.

호건은 목요일과 금요일에 각각 18홀을 소화한 뒤, 토요일에는 무려 36홀을 돌았다. 지난 2년간 한 번도 소화하지 않은 강행군이었다. 그리고 일요일, 그는 다시 18홀을 돌았다.

그는 가방 속에 있는 모든 클럽으로 어떤 상황에서 어떤 샷을 만들어낼 수 있는지 정확히 아는 선수였다. 기자들에게 자신의 부상 이야기를 과하게 다루지 말아달라고 요청한 것도 이 때문이었다. 여전히 모든 샷을 구사할 수 있다고 확신했으므로 장애를 가진 골퍼로 비춰지는 것이 싫었던 것이다. 다만 유일하게 자신이 없었던 부분이 체력이었으나 토요일에 그마저도 문제가 없다는 사실을 증명했다.

그러나 토요일 경기가 끝난 뒤에도 로이드 맹그럼, 조지 파지오라는 강력한 경쟁자들과의 18홀 플레이오프가 남아 있었다. 담담한 모습으로 경기에 나선 그는 첫날 첫 번째 티샷을 날렸던 대로 똑같은 플레이를 선보였다.

철저한 연구를 바탕으로 한 지적인 경기 운영이었다. 모든 샷은 철저히 계산

HISTORY, CONTEXT, AND LEGACY
벤 호건의 발자취와 유산

되어 파를 맞추는 데 집중했고, 실수는 거의 없었다. 그는 총 5라운드 동안 각각 72, 69, 72, 74, 69타를 기록했다. 그는 모든 선수와 모든 난관을 이겨냈다.

그를 보며 미국 해군 공병대가 전쟁 중에 내걸었던 슬로건이 떠올랐다. "불가능은 없다. 다만 시간이 조금 걸릴 뿐." 벤 호건에게는 그 시간이 16개월이었다.

1950년 6월 12일 〈뉴욕타임스〉 수록

레드 스미스

전설의 골퍼가 남긴 위대한 레슨 5
벤 호건 골프의 기본

158

호건:
1955년 올림픽 클럽 대회를 앞두고
HOGAN:
ON THE EVE OF OLYMPIC, 1955

20세기 후반에 이뤄진 미국 골프 산업의 엄청난 성장에는 허버트 워런 윈드와 댄 젠킨스라는 두 작가의 공이 컸다. 수십 년간 〈뉴요커〉에서 활동한 허버트 워런 윈드는 뉴잉글랜드 출신의 예일대학교 졸업생으로, 학구적이고 격식을 갖춘 동시에 신중한 태도를 지닌 인물이었다. 반면 댄 젠킨스는 그러한 면이 전혀 없었다. 둘은 서로 완벽하게 보완하는 관계였다.

1954년 〈스포츠일러스트레이티드〉가 창간되자 윈드는 〈뉴요커〉를 떠나 이 잡지의 주요 골프 작가가 되었다. 그는 그곳에서 6년간 활동했으며, 그 기간 중인 1957년에 윈드와 호건은 훗날 이 책의 원형이 된 〈스포츠일러스트레이티드〉 골프 연재 기사를 공동으로 작업했다.

이 기사는 1955년 샌프란시스코 올림픽 클럽에서 열린 US오픈을 앞두고 작성된 프리뷰 기사로, 당시로서는 매우 예리한 통찰력을 담고 있다. 올림픽 클럽에서 처음 열린 US오픈이었지만, 기사는 마치 호건이 이 코스를 완벽히 지배할 것임을 예견하는 듯하다. 실제로 4라운드를 마친 후 호건은 공동 선두에 올라 있었다. 그러나 이 기사를 포함하여 그가 플레이오프에서 무명 선수인 잭 플렉에게 패배할 것이라고 예상한 사람은 아무도 없었다.

———

1948년 벤 호건이 첫 US오픈에서 우승할 당시 자신의 스윙 방식에 도입한 변화는 어떻게 보느냐에 따라서 모두가 아는 이야기일 수도 있고, 아무도 모르는 비밀일 수도 있다. 만약 그 변화가 벤 호건의 정교한 페이드 샷을 만드는 핵심 원리에 관한 것이라면 그 비법을 정확히 아는 이는 아무도 없다. 호건은 이 기술을 다른 선수들에게 공개할 생각이 없었기에 그 핵심을 파악하기는 불가능하다. 하지만 비거리를 유지하면서도 훅을 방지하는 그의 전반적인 스윙 방식에 대해서는 누구나 알고 있었다.

호건이 오랜 연구 끝에 만들어내고 완벽하게 익힌 이 스윙은 극한의 압박 속에서도 흔들림 없이 구사할 수 있도록 단련을 거듭한 스윙이다. 시즌마다 세부 사항에서는 조금씩 변화가 있었지만, 기본적으로 훅을 방지하는 다양한 요소들로 구성되었다. 그의 스윙에서 가장 중요한 요소인 완벽한 균형과 넓은 전방 아크를 제외하더라도, 그는 훅을 방지하기 위해 몇 가지 핵심적인 기술을 일관되게 활용했다. 예를 들면 샤프트를 따라 곧게 놓은 왼손 엄지, 높게 올라간 오른손, 약간 열린 스탠스, 테이크백 시 클럽을 약간 바깥쪽으로 들어올리는 동작, 다운스윙 초반에 오른팔을 바깥으로 밀어내며 프로들이 강조하는 이른바 삼각형 구조를 만드는 것 그리고 임팩트 때 클럽 페이스가 닫히지 않도록 유지하는 것이 그것이다.

호건은 '가벼운 페이드 샷'을 구사하면서 그 결과로 런이 줄어든 대신에 열 배는 더 값진 결과를 얻었다. 어프로치 샷이 훨씬 부드러워진 것이다. 공은 깃대 위로 부드럽게 날아가 그린에 살포시 안착했다. 더 중요한 사실은 드라이버 샷

전설의 골퍼가 남긴 위대한 레슨 5
벤 호건 골프의 기본

이 완벽한 정타가 아닐 때도 공이 위험한 곳으로 휘어지는 훅이 나오지 않았다는 사실이다. 오른쪽으로 단 몇 미터만 밀릴 뿐이었다.

이러한 변화를 시도하기 전의 호건은 장기간 연속으로 대회에 출전하면 후반부로 갈수록 피로가 누적되는 경향이 있었다. 그리고 피로할 때마다 훅을 냈고, 훅을 낼 때마다 안 좋은 라이에 공이 떨어지거나 벌타를 받았다. 이런 추가 벌타는 결국 패배로 이어졌다. 하지만 스윙을 새롭게 다듬음으로써 실수를 하더라도 벌타 없이 넘어갈 수 있는 여유가 생겼고, 이 변화 덕분에 벤 호건은 단순히 뛰어난 골퍼로 남는 것이 아니라 위대한 챔피언이 될 수 있었다.

타고난 스윙을 가진 샘 스니드는 건장한 체구에서 나오는 강력한 지렛대 효과를 이용해 자연스럽게 스윙에 힘을 실을 수 있었다. 반면 호건의 스윙은 골프 엽서에 담길 만큼 우아한 동작은 아니었다. 비평가들의 지적처럼 그의 스윙은 여러 보상 동작이 층층이 쌓여 마치 계단처럼 설계된 것이었다. 이 보상 동작들이 무너질 때가 있었고, 실제로 1952년과 1954년 마스터스 그리고 1952년 US오픈의 마지막 두 라운드에서 그는 어려움을 겪었다. 그러나 충분한 시간을 들여 스윙을 조율할 수 있고 이를 유지할 체력이 뒷받침되는 상황에서 호건의 스윙은 탁월한 기능성과 확실한 효과를 발휘했다. 그렇게 완성된 스윙은 실용적이면서도 특유의 부드럽고 효율적인 아름다움을 모두 갖추고 있었다.

호건의 스윙 변화와 더불어 출전 방식도 달라졌다. 1948년과 교통사고 이후의 시즌부터는 예전처럼 휴식 없이 투어 일정을 소화하는 방식을 버리고 신중하게 출전할 대회를 선택했다. 충분한 휴식과 연습 시간을 거치며 중요한 대회를 위해 에너지와 집중력을 비축했다. 이러한 변화는 결정적인 차이를 만들었고, 호건 또한 이를 정확하게 느끼고 있었다.

네 번째 US오픈 우승을 차지한 뒤 오크몬트에서 열린 수상 연설에서 그는 마치 골프 클럽을 고르듯 신중하게 단어를 고른 뒤 다음과 같이 말했다. "챔피언십에서 가장 중요한 일은 완벽한 준비를 갖추는 것입니다. 나만의 게임 그리고 나 자신을 철저하게 준비할 수 있는 한, 앞으로도 계속 US오픈에 출전하고 싶습니다."

1953년 브리티시오픈에 출전하기 위해 스코틀랜드로 향했던 극적인 여정은 그의 비범한 노력과 준비를 보여주는 최고의 사례다. 그가 이 대회에서 거둔 우승은 너무도 완벽해서 오늘날까지도 마치 낭만적인 소설 속의 한 장면처럼 회자된다. 그전까지 단 한 번도 영국에서 공식 대회에 출전한 적이 없었던 그는, 낯선 환경에 놀라울 만큼 빠르게 적응했다. 예를 들어 카누스티의 거친 잔디에서 평소의 스윙으로 아이언 샷을 하다 손목에 통증을 느끼자 즉시 자신의 스윙을 수정했다. 가이 캠벨 경은 이 모습을 보고 "그는 수십 년 전 위대한 스코틀랜드 골퍼들처럼 공을 쳤다"라고 말했다.

그는 까다로운 코스를 익히기 위해 대회 전날 밤마다 홀을 거꾸로 걸으며 자연 지형과 그에 따른 전술적 문제들을 완벽히 암기했다. 그는 마침내 73, 71, 70, 68타로 우승을 차지했다. 버나드 다윈은 이렇게 말했다. "만약 호건이 마지막 라운드에서 64타가 필요했다면 아마 그렇게 쳤을 거예요. 그는 우승을 위해 필요한 점수는 몇 점이든 기록할 수 있을 것처럼 보였어요."

1948년 정상에 오른 후로도 벤 호건은 탁월한 기량과 대담한 플레이로 수많은 명장면을 탄생시켰다. 따라서 그의 최고의 샷, 최고의 라운드, 최고의 대회를 꼽는 것은 대단히 어려운 일이며 결국 개개인의 취향에 따라 달라질 수밖에 없다. 이에 우리는 호건이 직접 꼽은 명경기들을 살펴보고자 한다.

그가 꼽은 최고의 대회는 1953년 마스터스로, 호건 본인이 72홀 내내 자신의 기량이 최고조에 달했다고 회고한 경기다. 그는 70-69-66-69, 총 274타를 기록하며 우승을 차지했다. 골프에 해박한 전문가들조차 4개의 라운드를 연속으로 무결점 플레이로 마친 선수는 본 적이 없을 것이다. 난이도 높은 코스에서 호건은 거의 모든 샷을 핀에 붙였다. 이런 경이로운 플레이를 본 뒤 많은 이가 그

전설의 골퍼가 남긴 위대한 레슨 5
벤 호건 골프의 기본

가 브리티시오픈에 출전하지 않는다면 그것이야말로 골프계의 커다란 손실이라고 입을 모았다. 결국 호건은 카누스티에서도 최상의 경기력을 유지하기 위해 철저히 준비할 수 있는 숙소가 보장된다는 확신이 들자 영국행을 택했다.

그가 꼽은 최고의 라운드는 무엇일까? 그는 1951년 오클랜드 힐스에서 열린 US오픈 최종 라운드를 꼽았다. 67타를 기록한 경기로, 세 번째 US오픈 우승을 안겨준 대회다. 당시 오클랜드 힐스는 US오픈 역사상 가장 어려운 코스 중 하나로 평가받았는데 그날 늦은 오후까지 네 라운드 동안 70타 이하를 기록한 선수는 클레이튼 헤프너가 유일했다.

이 코스에서 가장 큰 장애물은 티샷 컨트롤이었다. 로버트 트렌트 존스는 특별히 1951년 US오픈을 위해 오클랜드 힐스 코스를 재설계하면서 220야드에서 240야드 사이에 있는 무의미한 벙커를 메운 뒤, 240야드에서 260야드 지점의 잘록한 페어웨이 양쪽에 새로운 벙커를 설치했다. 이같이 까다로운 조정으로 인해 장타자들도 벙커를 넘길 수가 없게 되었고, 대부분의 선수단은 혼란에 휩싸였다. 유일한 예외가 있다면 애초에 기존의 벙커까지도 닿지 못할 만큼 거리 자체가 짧았던 폴 런얀 뿐이었다. 그의 경우 새로 설치된 벙커들 역시 전혀 위협이 되지 않았다. 그러나 이외의 많은 선수가 실수를 피하고자 티샷에서 드라이버 대신 2번 우드, 3번 우드, 아이언을 선택했다. 하지만 결과는 어려운 세컨드 샷으로 이어졌고, 선수들은 코스를 공략하기보다는 오히려 코스에 공략당하는 상황에 놓였다. 호건 역시 첫 라운드에서 76타를 기록하며 흔들렸지만, 라운드를 거듭할수록 경기력을 끌어올리며 73타, 71타 그리고 최종 라운드에서 67타를 기록하며 대회를 마무리했다.

대부분의 관중은 호건이 난관을 극복하며 펼친 경기를 보고 이 까다로운 코스가 US오픈 챔피언을 가리는 데 충분히 공정한 시험대가 되었다고 여겼다. 하지만 호건은 우승을 차지하고 난 뒤에도 그렇게 받아들이지 않았다. 그는 시상

식에서 굳은 표정으로 말했다. "나는 이 코스, 이 괴물을 무릎 꿇릴 수 있어서 기쁩니다." 그의 말은 다소 충격적이었다. 사고 이후 그는 '새로운 벤', '부드러워진 호건' 등으로 불리며 한층 유해졌다는 평가를 받아왔기 때문이다. 그러나 이 발언은 그가 골프라는 경쟁 스포츠에 몸담고 있는 한, 결코 완전히 새로운 사람이 되거나 부드러워질 수는 없다는 사실을 상기시켰다. 경쟁이 걸린 순간에는 여전히 투지를 잃지 않았음을 보여준 것이다. 그는 스스로 이러한 태도를 기꺼이 받아들이는 듯했다. 어쩌면 그는 모든 장애물(그것이 동물, 식물, 광물이든 그 무엇일지라도)을 철저히 개인적인 도전으로 여기고, 이를 온 힘을 다해 극복하는 과정에서 깊은 만족을 느꼈는지도 모른다.

호건은 최고의 기량을 발휘하고 이기는 플레이에 몰두했으므로 상대 선수나 캐디와 대화할 여유가 거의 없었다. 이는 1954년 마스터스 대회 첫날, 오거스타 내셔널의 호스트 역할을 맡은 오랜 라이벌인 바이런 넬슨과 디펜딩 챔피언 자격으로 출전한 벤 호건의 친선 라운드 때도 마찬가지였다. 넬슨이 드라이버 샷을 하면 호건이 "멋진 샷이군"이라고 짧게 말했고, 호건이 드라이버 샷을 하면 넬슨도 "멋진 샷이야"라고 답했다. 그들의 대화는 이것이 전부였다. 이와 관련하여 비교적 사교적인 성격의 샘 스니드가 호건과 함께 경기하는 느낌을 한 마디로 묘사한 일화가 유명하다. "벤이 유일하게 말하는 순간은 '샘, 자네 차례야'라고 할 때뿐이에요." 이 날카로운 침묵은 '일하는 사내'로서의 호건을 더욱 선명하게 각인시키는 요소 중 하나로, 그를 본 사람이라면 절대 잊을 수 없는 모습이다.

지금도 눈앞에 선명한 호건의 모습은 이렇다. 그는 어프로치 샷을 치러 나가면서 가볍게 어깨를 털고 저 멀리 페어웨이를 직시한다. 마치 숲 속에 떨어진 공을 찾아서 묵묵히 걸어가는 사나이 같다. 까무잡잡하게 탄 그는 챙이 곧은 흰 모자를 눌러쓰고 언제나 경직된 미소를 짓는다. 하지만 이 미소를 보고 호건이 아침 공기를 만끽하거나, 갤러리의 환호를 즐기거나, 방금 친 샷을 자랑스러워한다고 착각해서는 안 된다. 그의 머릿속은 이미 다음 단계를 향해 달리고 있으며, 수많은 변수를 계산하고 최선의 선택을 가늠한다.

그는 허리춤에 손을 얹고 공 옆에 선다. 라이와 잔디의 상태를 확인하고 바람의 방향을 살핀다. 퍼팅이 가장 쉬우려면 그린의 어느 지점에 공을 올려야 할지, 어떤 어프로치 샷을 구사할지, 어떤 클럽을 사용할지 심사숙고한다. 때로는 더 나은 결정을 내리기 위해 공을 지나쳐 무심히 20미터쯤 더 걸어가기도 한다. 다른 선수들도 같은 과정을 거치지만, 호건만큼 철저하게 고민하고 있다는 인상을 주는 이는 없다.

마침내 마음을 정한 호건은 가볍게 연습 스윙을 하고 신중하게 어드레스 자세를 잡은 뒤, 단호하게 스윙한다. 좋은 샷이 나와도 표정은 변하지 않는다. 하지만 결정적인 순간에 실수를 하면 이야기가 달라진다. 미소는 냉소적으로 변하고 그의 차가운 회색빛 눈은 점점 커져 2.5센티미터 정도는 되어 보일 만큼 확대된다. 스스로에게 분노한 그는 동료들이 부르는 대로 '매' 그 자체가 된다.

적어도 내가 아는 한 스스로에게 이토록 높은 기준을 부여한 선수는 없다. 일반적인 투어 선수들이 이 기준을 충족하기 위해 얼마나 자기 자신을 소진해야 하는지는 정확히 알 수 없지만, 이를 지속해서 견딜 체력을 가진 선수는 거의 없으리라는 점은 분명하다. 벤 호건은 프로 골퍼로서의 성공은 '20퍼센트의 재능과 80퍼센트의 관리'에 달려 있다고 말한 적이 있다. 맞는 말이다. 그러나 이 공식이 한 대회가 아니라 모든 메이저 대회마다 적용되려면 상상을 초월하는 헌신이 필요하다. 그리고 호건은 이를 실현해냈다. 의심의 여지가 없을 정도로 그만큼 오롯이 골프에 모든 것을 바친 선수는 호건이 유일하다.

1955년 6월 《허버트 워런 윈드의 골프 이야기(Herbert Warren Wind's Golf Book)》 수록

허버트 워런 윈드

벤 호건 인터뷰 – 켄 벤투리 진행
BEN HOGAN INTERVIEW WITH KEN VENTURI

HISTORY, CONTEXT, AND LEGACY
벤 호건의 발자취와 유산

165

벤 호건은 골프계의 그레타 가르보(스웨덴 출신의 전설적인 할리우드 여배우 – 옮긴이)였다. 그가 선수 생활을 접고 은퇴했을 때, 그것은 곧 대중의 시선에서 완전히 물러난다는 뜻이기도 했다. 하지만 호건은 은퇴 이후 단 한 차례 정식 TV 인터뷰를 진행했다. 바로 US오픈 우승자 출신의 CBS 골프 해설가인 켄 벤투리와의 인터뷰였다. 1983년에 진행된 30분간의 인터뷰는 골프 업계에 작지만 의미 있는 반향을 일으켰다. 특히 호건이 남긴 '골프에서 열심히 노력한다는 것의 의미 그리고 성공한다는 것의 의미'에 대한 통찰이 화제가 되었다.

호건과 벤투리의 인연은 1956년으로 거슬러 올라간다. 당시 아마추어 골프계의 유망주였던 벤투리와 에드워드 하비 워드는 사이프러스 포인트에서 벤 호건, 바이런 넬슨이라는 거물 프로 골퍼를 상대로 대결을 펼쳤다. 이 경기는 훗날 '그 경기(The Match)'라는 이름으로 불리게 되었다.

벤투리는 호건을 깊이 존경했다. 그리고 성공적으로 인터뷰를 진행할 수 있었던 비결에 대해 다음과 같이 대답했다. "간결한 질문에 상세한 대답이 핵심입니다." 이 인터뷰는 포트워스에 있는 벤 호건 컴퍼니의 본사에서 진행되었다.

전설의 골퍼가 남긴 위대한 레슨 5
벤 호건 골프의 기본

166

이 책에 수록된 내용은 인터뷰의 전문으로, 이해를 돕기 위해 약간의 편집이 이뤄졌다. 참고로 인터뷰 내용에서 호건이 '오픈'이라고 언급하는 것은 US오픈을 의미하며, 그와 벤투리가 '덴버'라고 말할 때는 1960년 US오픈이 열린 덴버 외곽의 체리 힐스 컨트리 클럽을 지칭하는 것이다.

켄 벤투리

벤, 이렇게 다시 만나 뵙게 되어 정말 반갑습니다. 얼마나 당신을 그리워했는지, 얼마나 당신의 플레이를 다시 보기를 꿈꿔왔는지 모르겠습니다. 제가 젊었을 때 항상 지갑에 간직하던 문구가 있습니다. 비록 지금은 없습니다만, 그 글귀는 결코 잊은 적이 없죠. 당신께서 한 말씀이었어요. "골프에서 필요한 모든 샷을 연습하기에 하루는 턱없이 부족하다."

벤 호건

정말 맞는 말입니다.

켄 벤투리

그 말씀을 신념처럼 여기셨던 것 같습니다. 연습에 임하는 태도도 남다르셨던 것 같고요.

벤 호건

맞아요. 그래야만 했습니다. 처음 골프를 시작했을 때 제 스윙은 정말 엉망이었어요. 그리고 지금은 더 나빠졌습니다. 오랫동안 골프를 치지 않았더니 백스윙과 팔로우 스루가 망가졌어요. 지금 제 플레이는 어디 내놓을 만한 수준이 아닙니다.

하지만 연습에 대해 말하자면, 저는 연습을 정말 좋아했습니다. 다양한 종류의 샷을 쳐보고 그린 주변에서의 상황을 그려가며 연습하는 게 즐거웠습니다. 상당히 만족스러운 일이었죠.

그게 꼭 우승을 위한 것도 아니었어요. 단순히 매일 연습하는 과정에서 큰 만족감을 느꼈습니다. 사업이나 업무를 마치고 연습장에 가면 다른 건 모두 잊고 그 순간에 집중할 수 있었어요. 스스로의 발전을 위해 노력하고 연습하는 것만큼 즐거운 일이 또 있을까요?

실력이 향상되는 것만큼 만족감을 주는 일은 없습니다. 90타를 치던 사람이 87타로 스코어를 줄이면 기뻐하며 다음 날에 다시 필드에 나갈 것입니다. 70타를 치던 사람이 1타를 줄인다면 역시 마찬가지로 기뻐하며 또 다시 필드에 나설 것입니다.

이 과정이 꾸준히 그를 골프장으로 이끌고 열정을 유지하도록 만듭니다. 그리고 이건 세상에서 가장 큰 즐거움입니다. 적어도 제게는 그랬으니까요.

켄 벤투리

당신을 처음 만난 해가 1954년이었네요. 마스터스 대회에서 함께 경기를 치렀죠. 그 당시 저는 당신을 매우 존경하고 있었습니다. 1953년에 이룬 업적이 대단했으니까요. 항상 당신과 친해져서 함께 경기를 했으면 좋겠다고 생각했습니다. 제 기억엔 19세에 프로로 데뷔하셨던 것 같은데요.

벤 호건

맞습니다.

전설의 골퍼가 남긴 위대한 레슨 5
벤 호건 골프의 기본

켄 벤투리
이런 일들이 일어날 것이라고 상상해본 적이 있나요?

벤 호건
전혀요. 정말 신이 주신 선물이라고 생각합니다.

켄 벤투리
당시 당신은 스윙에서 흔히 말하는 악성 훅이 종종 나왔습니다. 결국에는 그 스윙을 교정하셨는데요. 얼마나 걸리셨나요?

벤 호건
음, 잠시 생각해볼게요.

켄 벤투리
프로 데뷔 후 처음으로 우승하기까지 9년이 걸리셨죠.

벤 호건
네, 시카고에서 우승을 했죠. 기억을 더듬어볼까요. 당시 훅이 너무 심해서 4번 우드로 좀처럼 공을 띄울 수 없었습니다. 그래서 항상 아이언을 사용해야 했어요. 대회 이후 집으로 돌아와 스스로에게 이렇게 말했습니다. "이렇게 플레이해서는 안 돼. 우승은커녕 실력이 나아지지도 않을 거야. 원하는 대로 공을 띄우고 높은 샷과 낮은 샷을 자유자재로 구사할 수 있도록 연습해야 해. 하지만 무엇보다도 이 훅을 없애야겠지!"

저는 우리가 흔히 도그렉이라고 부르는 오른쪽이나 왼쪽으로 꺾인 홀을 전혀

HISTORY, CONTEXT, AND LEGACY
벤 호건의 발자취와 유산

공략할 수 없었습니다. 특히 오른쪽에 나무라도 있으면 훅 샷으로는 도무지 여유가 생기지 않았어요. 플레이 자체가 불가능했죠. 그래서 결심했습니다. "뭔가 방법을 찾아야 해."

저는 집으로 돌아와 2주 동안 연습에 몰두했습니다. 그러던 어느 날, 막 해가 뜰 무렵 갑자기 해결책이 떠올랐습니다. 즉시 골프장으로 달려가 날이 어두워질 때까지 하루 종일 연습했어요. 그 방법은 기가 막히게 잘 통했어요. 다른 방법들도 시도해봤지만, 그것들은 다음 날이면 효과가 없었어요.

당시 연습용 가방에는 공이 한 200~300개 정도 들어 있었습니다. 다음 날 저는 그 방법을 다시 시도해봤고 역시나 잘 통했어요. 마침내 해결법을 찾았다고 확신했습니다. "이제 실전에서 시험해봐야겠군." 그로부터 2주 뒤 시카고에서 열린 한 대회에 참가했습니다. 긴장감이 가득한 실전에서도 통하는지 시험해보고 싶었어요. 그리고 제 예상은 적중했습니다.

그렇게 저는 페이드 샷을 익히고 공을 띄울 수 있게 되었습니다. 물론 여전히 훅 샷도 구사할 수 있습니다. 지금은 공이 직선으로 가는 법이 없습니다. 오른쪽이든, 왼쪽이든 휘어 치고 있어요.

켄 벤투리

당신의 전성기 시절이 기억납니다. 제가 처음으로 당신의 경기를 제대로 본 것은 1953년 오크몬트 컨트리 클럽이었습니다. 아마도 선수 생활 중 최고의 해였을 거예요. 그날 오후 라운드에서 2번 홀이 특히 기억에 남는데요. 홀을 바라보며 바람을 살피는 모습이 인상적이었습니다. 상상할 수 없을 정도로 까다로운 핀 위치였는데, 공을 1미터 안으로 바싹 붙이셨죠.

다른 훌륭한 선수들도 많지만, 코스 운영 능력만큼은 당신을 따라올 선수가 없었다고 생각합니다.

벤 호건

맞아요, 케니. 저도 그 샷을 기억해요. 핀은 그린의 가장 안쪽이자 높은 곳에 있었고, 그린 자체도 상당히 좁았어요. 제가 의도한 대로 공이 날아갔을 수도 있고, 약간의 운이 따라줬을 수도 있어요. 아마 둘 다였겠죠.

　골프에서 공을 제대로 칠 수 있게 된 이후에는 결국 코스 운영이 전부입니다. 원하는 대로 공을 보낼 수 있다면 경기 운영이 70~75퍼센트를 좌우한다고 봐요. 그리고 이것이 불가능하다면 경기를 풀어나갈 수 없습니다. 전 세계에서 가장 공을 잘 치는 사람이라 해도 코스 운영이 뒤따르지 않는다면 결과는 뻔하겠죠.

　저희 공장에는 세 종류의 드라이버 스윙 머신이 있습니다. 하나는 단순히 반복적으로 공을 때리는 기계이고, 다른 하나는 인간의 스윙을 흉내 내는 기계입니다. 그리고 마지막은 바로 경기 운영까지 겸비한 저입니다.

켄 벤투리

나머지 두 기계는 당신이 최고라고 생각하겠는데요? 물론 저도 당신의 말을 믿겠습니다.

벤 호건

아니에요. 저는 세 번째입니다. 하지만 드라이버 스윙 머신을 제대로 설치하려면 시간이 걸리고 세팅과 관련된 지식도 필요해요. 기계처럼 항상 똑같은 샷을 반복할 수 있다면 모르겠지만, 그것이 가능한 선수는 없어요. 그래서 끊임없이 연습하면서 노력해야 하고 결국엔 코스 운영이 중요한 것이지요.

　이번 샷에서 필요한 것은 무엇인가? 그리고 다음 샷에는 무엇이 필요한가? 다음 홀에서는 공을 어디로 보내는 것이 좋을까? 페어웨이 오른쪽이 좋을까, 아니면 왼쪽이 좋을까? 이번 홀은 어떻게 공략하는 것이 좋을까? 티 박스에서는 어디에 티를 꽂을 것인가? 단순히 티 마커 사이에 꽂을 것인가? 상황에 따라 티의 위치도 달라져야하지 않을까?

하지만 많은 사람이 매번 같은 곳에서 티샷을 합니다. 최악의 습관이라고 할 수 있죠. 샷을 조절할 여지가 없어지기 때문입니다. 이처럼 골프는 철저한 운영의 스포츠입니다. 예를 들어 언듈레이션이 심한 가파른 그린에서는 항상 내리막 방향으로 공을 보내야 오르막 퍼팅을 남길 수 있습니다. 매번 가능하진 않겠지만, 최소한 그렇게 보낼 수 있도록 노력은 해야죠. 이런 식으로 3시간 반에서 4시간 동안 경기를 운영해나가야 합니다. 이것이 불가능하다면 경기를 풀어나갈 수 없어요.

요즘 투어에서 뛰는 선수들은 믿을 수 없을 만큼 뛰어납니다. 최근 겨울에도 4라운드 연속으로 70타 이하를 기록하는 걸 봤는데 정말 엄청나더군요. 단순히 공을 잘 치는 게 아니라 어떻게 생각하고, 경기를 운영해야 하는지 알고 있어요. 그들은 코스를 철저히 분석하고 어떻게 공략할지 연구합니다. 모든 골프 코스는 제각각 다르죠. 어떤 코스는 파악이 쉽지만 어떤 코스는 파악이 어려울 것입니다. 이렇게 감을 잡지 못한 코스에서는 절대로 우승 근처에도 갈 수 없어요.

켄 벤투리

제가 또 항상 기억하고 마음속에 간직하는 말이 있습니다. 하루라도 연습을 거르면 실력 향상을 위해 그만큼의 시간이 추가로 필요하다는 말이죠. 당신도 이 말에 동의하신다고 알고 있는데요.

벤 호건

맞아요. 제 인생에서 손에 꼽을 정도로 가끔씩 2~3일 정도를 쉰 적이 있는데요.

원상태로 돌아오기까지 한 달에서 석 달 정도는 걸리는 것 같았어요. 정말 힘든 경험이었습니다. 저는 항상 연습하고 경기를 해야 했어요.

말씀드렸다시피 제 스윙을 세계 최고의 스윙이라고 볼 수는 없었어요. 저도 그걸 알고 있었고요. 그래서 제가 다른 선수들을 이길 수 있는 유일한 방법은 그들보다 연습을 많이 하는 것뿐이라고 생각했습니다. 그들이 하루에 두 시간씩 연습을 한다면 저는 여덟 시간을 하는 거죠.

그러고 나서 제가 몇 번 우승을 하자 다른 선수들 역시 연습 시간을 늘려가는 것을 발견했어요. 왜 그랬는지는 모르겠지만, 그들도 저와 경쟁을 하려면 그래야 했겠죠. 그리고 만약 그들이 12시간씩 연습했다면 저 역시 그렇게 했을 거예요. 저는 연습이 그만큼 즐거웠으니까요.

켄 벤투리

그래서 모든 것이 잘 풀린 거겠죠. 단순히 골프를 즐기는 것이 아니라, 골프를 잘 치기 위한 과정 자체를 즐기셨으니까요.

그런데 개인적으로 당신의 인생에서 전환점이 된 순간은 캘리포니아주의 오클랜드였다고 생각합니다. 오랫동안 당신과 이야기를 나누기도 했고 동시대의 그 누구보다도 당신과 골프를 많이 쳐본 사람으로서 드는 생각이에요. 그만큼 정말 가까이서 당신을 지켜봤고 당신의 배경에 대해서도 잘 알고 있죠. 오클랜드에서 당신은 계속 골프를 할 것인지, 아니면 집으로 돌아가서 다른 일을 할 것인지 갈림길에 놓여있는 것처럼 보였어요.

벤 호건

정확하시네요. 사실 골프는 이전부터 계속 하고 있었어요. 1932년에 미 서부 투어에 출전했고, 거의 파산 상태였어요. 수중에 75달러만 갖고 투어로 향했죠. 오늘날이라면 그런 결정을 할 수 있겠어요?

켄 벤투리
불가능하죠.

벤 호건
맞아요. 하지만 저는 그렇게 했습니다. 랄프 허치슨, 잭 그라우트와 함께 투어로 향했어요. 첫 번째 경기는 패서디나였습니다. 아무 상금도 받지 못했죠. 두 번째 경기는 이름이 기억나지 않네요. 그리고 다음 경기는 LA오픈, 그다음 경기는 아구아 칼리엔테였습니다. 두 경기에서 각각 25달러, 50달러를 받았습니다. 상금을 받더라도 항상 최하위였어요. 말씀드렸다시피 그때는 실력이 형편없었거든요. 어쨌든 아구아 칼리엔테 이후로 우리는 피닉스, 텍사스오픈, 뉴올리언스를 돌면서 경기를 치렀습니다. 그리고 뉴올리언스 이후로 저는 상금 수상 명단에 들지 못했습니다. 결국 빈털터리가 되어서 집에 돌아와야 했어요.

 그래서 저는 이번에는 5년간 돈을 모으는 데 집중해서 1,400달러를 모았어요. 그동안 발레리와 결혼했고, 돈이 모이자 그녀에게 "나 다시 투어에 나가고 싶어"라고 말했어요. 그러자 그녀가 이렇게 말하더군요. "계속해서 그 마음이 있었던 거지? 당신이 하고 싶은 일이라면 그렇게 해야지."

 이때가 1937년, 그러니까 5년 후였어요. 사실 제가 파산했던 사연이 따로 있는데 그건 다음에 말해드리겠습니다. 어쨌든 이렇게 다시 시작했습니다. 1937년에 처음으로 출전한 대회는 캐나다 나이아가라 폭포 지역에서 열린 제너럴 브록오픈이었어요. 그 대회에서는 상금 50달러를 받았고, 드라이버 콘테스트에서는 지미 톰슨에 이어 2위를 했어요. 예전엔 이런 장타 대회가 많았잖아요.

기억나시죠?

켄 벤투리

물론이죠. 저는 한 번도 우승해본 적이 없지만, 그런 대회가 있었다는 건 알고 있습니다.

벤 호건

네. 어쨌든 저는 그때 2등을 했어요. 당연히 2등을 차지했다는 의미는 아니고요. 지미 톰슨이 워낙 장타자였다보니 물론 우승은 그가 했어요. 저는 75달러를 받았던 것으로 기억합니다.

어쨌든 우리는 당시 여름 시즌 투어라고 불리는 대회를 이어갔어요. 그때는 매주 대회가 열리는 것이 아니어서 어딘가에서 묵었어야 했죠. 그리고 또 2주 뒤에 다음 경기가 열리곤 했습니다.

아무튼 저는 여름 시즌 투어를 뛰고 겨울 투어를 시작했어요. 그리고 또 대회에 출전했죠. 패서디나오픈, LA오픈에 참여했는데 LA오픈에서는 상금을 받지 못했습니다. 그렇게 경기를 마치고 캘리포니아주 오클랜드로 향하는 길에 발레리가 제게 물었어요.

"우리 수중에 얼마나 남았는지 알아?"

저는 대답했습니다. "그럼, 알고 있어. 1,400달러 중에 86달러가 남았잖아."

그녀가 물었어요. "그럼 이제 어떻게 할 거야?"

저는 이렇게 말했습니다. "발레리, 우리는 1,400달러를 다 쓰기로 하고 여기까지 왔잖아. 아직 86달러가 남아있고 이제 오클랜드로 가고 있어."

그렇게 해서 우리는 가장 저렴한 호텔을 찾아 나섰어요. 제대로 먹지도 못했고, 옷은 한 벌도 살 수 없었죠. 그러다가 레밍턴 호텔에서 프로 골퍼들에게 특

HISTORY, CONTEXT, AND LEGACY
벤 호건의 발자취와 유산

가 요금으로 숙소를 제공한다는 사실을 알게 되었어요. 오클랜드에서 가장 저렴한 요금이었습니다. 당연히 그곳에 묵기로 했습니다.

그리고 대회 날 아침이 밝았습니다. 당시 저는 적갈색 뷰익 차량을 몰았어요. 호텔 건너편에는 자갈밭 주차장이 있었는데… 아마 지금은 높은 건물이 들어섰겠죠? 어쨌든, 대회 첫 라운드 시간이 제법 일러서 아침식사를 마치고 호텔을 나와 건너편 주차장으로 갔는데, 뒷바퀴 2개가 없어지고 휠만 남은 채로 바위가 괴어져 있는 거예요. 도둑이 뒷바퀴를 훔쳐가면서 차를 들었던 잭(자동차 타이어를 갈 때 쓰는 도구 - 옮긴이)마저 가져가 버린 거죠. 그래서 호텔로 돌아가 누군가의 차를 얻어 타고 경기장으로 향해야 했습니다. 지금은 누구였는지 기억도 안 나네요.

그렇게 도착은 했지만, 이미 꽤 늦어서 연습도 할 수 없었어요. 지각으로 실격당할 위기였거든요. 아시다시피 대회 규정상 경기 시작 5분 전까지만 연습이 가능한데, 저는 5분 가지고는 도저히 안 됐거든요.

그런데 그렇게 치른 대회에서 저는 385달러의 상금을 받았어요. 제 인생에서 가장 큰 금액이었습니다. 그리고 아마 앞으로도 그보다 큰 액수는 보지 못할 것이라 생각했습니다.

켄 벤투리

저는 그런 시절이, 그러니까 역경이 없었다면 성공의 의미도 그렇게 크지 않았으리라고 생각합니다. 그 이후로 1946년 PGA, 1948년 PGA와 US오픈 그리고 1949년의 그 사고까지 겪으셨네요. 사실 진정한 정점은 아니었지만, 당신이 정점에 올랐다고 모두가 생각하던 시점에 일어난 사고였죠. 다시 돌아올 수 있으리라고 생각하셨나요? 아니면 적어도 예전의 기량에 근접할 수 있을 거라고는 생각하셨나요?

벤 호건

네, 그렇습니다. 의사는 회복이 어렵다고 했지만, 제 느낌으로는 가능하다고 생각했어요. 물론 오랜 시간이 걸리리라고 예상했습니다. 최선을 다해 노력했어요. 하루에 8시간 이상 연습했습니다. 밤에는 침실에서 퍼팅과 칩샷까지 연습했어요. 그렇게 11개월이 지나서야 겨우 경기를 할 수 있는 상태가 되었죠. 마침내 어느 정도 플레이가 가능해진 것입니다. 그래도 예전 실력에는 한참 못 미쳐요. 솔직히 말해서 예전만큼의 기량을 회복하지도 못했고, 앞으로도 완전히 회복할 수는 없다고 생각합니다. 물론 이후에도 몇 개 대회에서 우승하기는 했습니다만, 제게 있어서 최고의 전성기는 1948년과 1949년이에요.

켄 벤투리

저는 위대한 챔피언들에게는 공통점이 있다고 생각해요. 바로 누군가가 "넌 할 수 없어. 다시는 못 할 거야"라고 말했을 때 그 말을 오히려 가장 큰 원동력과 동기 부여로 삼는다는 사실입니다. 저 또한 그런 경험을 했고, 당신도 그랬을 것 같은데요.

벤 호건

케니, 먼저 이 말씀부터 드릴게요. 저는 부유한 가정에서 자라지 못했어요. 저희 집은 가난했습니다. 그런데 요즘 부유한 집에서 자란 친구들을 보면 오히려 안쓰럽다는 생각이 듭니다. 제가 가졌던 기회를 절대로 가질 수 없을 테니까요. 저는 어려움을 겪으며 살아왔고 삶은 늘 힘든 하루의 연속이었습니다. 그래서 저는 힘든 상황을 잘 견뎌낼 수 있어요. 하지만 그들은 불가능하죠. 저는 나날이 발전하는 과정이 너무나 즐거웠고, 그 사실을 명확히 인지하고 있습니다. 만약 힘든 나날이 없었다면 지금까지 이뤄온 업적을 달성할 수 없었으리라고 생각해요.

켄 벤투리
음. 인생에 오르막길도 있었고 내리막길도 있었지만, 결국 그 모든 경험이 가치 있었다고 말씀해주셨는데요. 그렇죠?

벤 호건
네, 맞습니다. 정말 그래요.

켄 벤투리
역경을 겪어보지 못한 사람은 성공의 참된 의미를 느낄 수 없고, 건강을 잃어보지 않은 사람은 건강의 소중함을 깨닫기 어렵다고 생각합니다. 같은 맥락이라고 생각해요.

그런데 저는 아직도 연습을 할 때마다 당신이 자주 떠오릅니다. 진심이에요. 1950년과 1951년에 US오픈에서 우승하고, 1953년에는 마스터스, US오픈, 브리티시오픈을 거머쥐며 트리플 크라운을 달성하셨죠. 그때 처음으로 영국에 가신 건가요?

벤 호건
아니요. 스코틀랜드였어요.

켄 벤투리
아, 그렇죠. 스코틀랜드였네요. 카누스티에서 열린 브리티시오픈이었죠.

벤 호건
카누스티, 맞아요.

켄 벤투리

우승이 간절하셨겠어요.

벤 호건

맞습니다.

켄 벤투리

그 대회에 출전하게 된 계기가 무엇이었나요?

벤 호건

음, 1953년은 제게 있어서 아주 뜻깊은 한해였어요. 혹시 바비 크뤽섕크를 기억하시나요?

켄 벤투리

그럼요. 기억합니다.

벤 호건

그와 월터 하겐, 토미 아머가 저에게 전화해서는 스코틀랜드에 가서 브리티시오픈에 출전하지 않는다면 선수로서의 커리어가 완성되지 않을 것이라고 말했어요. 그들에게 감사 인사를 전하긴 했지만, 사실 처음에는 그곳까지 갈 생각이 전혀 없었습니다. 그런데 그해에 마스터스와 US오픈에서 우승했고, 결국 브리티시오픈 참가 신청서를 제출했어요. PGA 일정이 브리티시오픈과 겹친 상황이었는데 PGA는 이미 수 차례 출전했었거든요. 그리고 속으로 이런 생각도 들었습니다. '그들이 나한테 부탁까지 했는데 한번 해봐야겠지?'

그렇게 스코틀랜드로 향했습니다. 운이 좋게도 좋은 경기를 펼쳤고 우승까지 거머쥐었습니다. 지금 돌이켜보면 훌륭한 결정이었다고 생각해요.

켄 벤투리

뉴욕에서 당신을 위한 퍼레이드도 열렸잖아요.

벤 호건

맞아요.

켄 벤투리

아무나 얻는 기회는 아니죠.

벤 호건

평생 잊지 못할 것입니다.

켄 벤투리

정말 꿈같은 경험이었을 것 같네요.

벤 호건

정말 짜릿한 순간이었죠. 후우.

켄 벤투리

모든 사람이 당신이 우승한 네 번의 US오픈을 기억합니다. 하지만 저는 당신이 안타깝게 우승을 놓친 네 번의 US오픈도 기억해요. 1955년, 1956년, 1959년,

전설의 골퍼가 남긴 위대한 레슨 5
벤 호건 골프의 기본

1960년이었죠. 특히 1960년 덴버에서는 71번 홀에서 환상적인 샷을 날렸음에도 그 공이 약 15센티미터 차이로 물에 빠져버렸죠. 만약 그 공이 물을 넘었다면 버디를 잡고 2타 차이로 우승했을 것입니다. 결국 당신은 US오픈에서 네 번 우승했고, 네 번은 우승 직전까지 갔습니다. 하지만 우승을 안타깝게 놓친 네 번을 단순히 패배라고 표현할 수는 없을 것 같아요. 그렇게 여러 번이나 우승 가까이 갔다는 사실 자체가 대단히 보람 있는 일이었을 것 같습니다.

벤 호건

맞아요. 정말 값진 일이었어요. 방금 덴버에서 열렸던 대회의 71번 홀 샷을 말씀하셨는데요. 아직도 한밤중에 그 샷을 떠올리며 잠에서 깨고는 합니다. 얼마나 오래된 일이죠?

켄 벤투리

1960년도 대회였습니다.

벤 호건

23년 전 일이네요. 하지만 아직도 한 달에 한 번은 그 기억이 제 속을 쓰리게 하네요.

켄 벤투리

절대로 실수한 샷이 아니었으니까요. 그건 미스 샷이라고 볼 수 없죠.

벤 호건

맞아요. 실수한 샷이 아니었어요. 충분히 멀리 보내지 못했을 뿐이죠. 공이 그린 앞쪽에 떨어져서 튀어 올랐고 결국 물에 빠지고 말았습니다. 사실 이 세 번째 샷을 할 때 드라이버로도 칠 수 있는 라이가 나왔었는데…. 하지만 회전을 너무 많이 걸어서 공이 그대로 물속으로 빨려 들어가 버렸어요.

켄 벤투리

다섯 번째 우승이 될 수도 있었겠네요.

벤 호건

음, 사실 다섯 번째 우승은 이미 했을 수도 있죠.

켄 벤투리

그 다섯 번째 우승에 대해서 말해주세요. 모든 사람이 그 이야기를 하던데 저는 몰랐거든요. 실제로 다섯 번째 우승이 있었던 거죠?

벤 호건

음, 제게는 메달이 총 5개가 있어요. 그리고 그 메달은 미국골프협회(United States Golf Association, USGA) 회장으로부터 하나씩 직접 받았습니다. 그중 하나가 시카고에서 열린 헤일아메리카내셔널오픈에서 딴 메달입니다.

켄 벤투리

그게 몇 년도였죠?

벤 호건

1942년이었던 것 같아요. 맞아요, 42년도네요. 왜냐하면 1943년도에는 군복무를 하고 있었거든요. 대회 마지막 36홀을 바비 존스와 함께 경기했어요. 그리고 제가 우승했죠. 지미 디마렛이 2등을 했습니다. 당시 미국골프협회 회장이었던 딕 터프츠 씨께서 우승 메달을 제게 직접 수여했어요. 나머지 4개의 메달과 동일하게 생긴 메달입니다.

켄 벤투리

그렇다면 이미 다섯 번의 우승이라고 봐도 되겠네요. 그렇죠?

벤 호건

음, 미국골프협회의 조 디도 그렇게 말하긴 했어요.

켄 벤투리

저도 다섯 번의 우승으로 부르겠습니다.
　그리고 당신은 50살이 되었을 때 골프 클럽 사업에 뛰어 드셨습니다. 벤 호건 컴퍼니를 설립하셨죠.

벤 호건

음, 1953년에 이 부지를 매입하고, 1954년 초에 클럽 몇 개를 제작했습니다. 하지만 시중에 판매하지는 않았어요. 모두 잘라버렸죠. 제가 원하는 기준에 미달했기 때문입니다.
　그 와중에 동업자 한 명을 잃었어요. 그래서 저 혼자서 사업을 이끌어가기로 했습니다.
　그 이후로 1954년에 처음으로 클럽을 출시했습습니다. 정말 감사하게도 지금까지 사업이 잘 운영되고 있어요.

켄 벤투리

1955년 US오픈에서는 단 두 명의 선수만이 호건 골프 클럽을 사용했어요. 당신과 잭 플렉이었습니다.

벤 호건

맞아요. 사실 그는 제가 대회에 출전한다는 것을 알고 있었고, 그 또한 경기에서 뛸 예정이었어요. 그래서 제게 피칭웨지와 샌드웨지를 만들어달라고 요청했어요. 저는 가능하다고 답변했죠.

　그렇게 제작한 클럽을 캐디백에 넣어서 가져가 대회 전에 그에게 건넸어요. 다만 솔직히 말하면 그건 실수였어요.

켄 벤투리

호건 클럽으로 당신을 이겨버렸으니까요.

벤 호건

네, 맞아요.

켄 벤투리

1967년으로 넘어가볼까 해요. 제가 평생 들었던 환호성 중에서 가장 큰 환호성 중 하나가 이 대회의 3라운드였다고 생각합니다. 오거스타 내셔널의 전반을 36타로 돌고 후반을 30타로 마치셨어요.

벤 호건

맞습니다.

켄 벤투리

당시 18번 홀을 걸어오는 모습을 지켜봤습니다. 놓쳐서는 안 될 명장면이었어요. 정말 최고의, 가장 위대한 선수에게 보내는 찬사가 쏟아져 나왔죠. 진정한 골프란 무엇인지 보여준 순간이었다고 생각합니다.

벤 호건

저도 그 순간을 놓치지 않아서 다행이에요.

켄 벤투리

저도 그렇게 생각합니다. 당시 마지막 홀에서 버디를 잡으면서 후반을 30타로 마무리하셨죠.

벤 호건

맞습니다.

켄 벤투리

당신이 걸어오며 받은 찬사는 절대 잊혀지지 않을 거예요. 그만한 자격이 있는 순간이었기 때문에 그 영예는 정말 값졌습니다. 당신은 골프계에 정말 큰 공헌을 하셨어요. 이 정도로 기여한 위대한 챔피언은 드물다고 생각합니다. 그리고 당신은 때가 되었을 때 은퇴를 결심하셨죠. 자신이 얻은 것들을 골프계에 되돌려주셨다고 생각해요.

제가 개인적으로 궁금한 것들을 몇 개 여쭙고 싶습니다. 골프 역사상 가장 훌륭한 선수는 누구였다고 생각하시나요? 직접 봤거나, 알고 지낸 선수여도 좋습니다. 시대와 분야를 막론하고 이야기해주세요. 쉬운 질문은 아니겠지만요.

벤 호건

글쎄요, 케니. 저는 더 이상 대회에 가지 않아요. 물론 경기장에 가서 선수들의 플레이를 직접 보고 그들이 연습하는 모습도 보고 싶지만, 이제는 몸이 따라주지 않아요.

 어쨌든 저는 요즘 선수들이 저희 때보다 훨씬 훌륭하다고 생각해요. 하지만 저와 동시대에 뛰었던 선수들 가운데서 훌륭한 선수를 손꼽아 본다면 당연히 샘 스니드, 바이런 넬슨, 지미 디마렛, 재키 버크 등이 있겠죠. 그 외에도 계속해서 나열할 수 있어요. 유일하게 직접 함께 경기해보지 못한 선수가 있다면 해리 바든과 레이 뿐이죠. 저는 그들 바로 다음 시대에 뛰었습니다. 제가 생각보다 나이가 많거든요. 아, 그리고 당신과도 경기를 했죠.

켄 벤투리

정말 많은 선수들을 이겨왔네요.

벤 호건

하지만 요즘 선수들이 저희가 활동했을 때보다 실력이 더 뛰어나다고 생각합니다. 그래서 진심으로 기쁘기도 하고요. 만약 그들이 우리 때보다 더 못했다면 제가 골프계에 아무런 기여를 하지 못했다는 생각이 들었을 것 같아요.

켄 벤투리

정말 맞는 말씀이에요. 제가 당신을 잘 알잖아요. 당신은 정말 겸손하지만, 그 안에 강인한 내면을 지니고 계시죠. 항상 누군가가 더 잘했다고 하거나 자신의 스윙이 부족했다고 먼저 말씀하시잖아요. 그런 당신의 태도에 찬사를 표하고 싶습니다.

전설의 골퍼가 남긴 위대한 레슨 5
벤 호건 골프의 기본

벤 호건
정말 감사합니다.

켄 벤투리
그렇다면 요즘은 골프 코스가 더 좋아졌다고 생각하시나요? 좋은 점수를 낼 수 있도록 쉬워졌다고 보세요?

벤 호건
오, 아니요. 그렇게 생각하지 않습니다. 물론 예전에 비해 관리는 잘되어있어요. 그만큼 잔디를 관리하는 노하우가 쌓였거든요. 덕분에 더 좋은 라이도 형성되고요. 또한 골프 장비들도 훨씬 발전했습니다. 최소한 저희 회사 제품들은 그래요. 골프공도 많이 좋아졌고요. 게다가 요즘 선수들은 고등학생 때 골프를 시작합니다. 대학교에 진학해서도 골프를 치고요. 고등학교와 대학교를 거치면서 서로 겨뤄볼 수 있는 기회를 수없이 얻게 됩니다. 그리고 아마추어 무대에 오르면 역시나 많은 경쟁을 치르게 되죠. 반면 저는 프로 데뷔를 하기 전까지 전혀 경쟁을 해본 적이 없었습니다. 그리고 프로 데뷔를 한 첫날, 제가 그곳에 있을 자격이 없다는 걸 알게 되었죠.

그래서 요즘 선수들은 확실히 유리한 위치에 있습니다. 좋은 일이에요. 기쁘기도 하고요. 그러나 한편으로는 자신들이 받아야 할 만큼의 돈을 벌고 있지는 못해요. 환경이 더 나아지길 바랍니다.

켄 벤투리
동의합니다. 저도 점점 더 발전해야 한다고 생각해요. 그리고 당신과 같은 분이 없었다면 골프계는 발전하지 못했을 거예요. 지금처럼 성장하지 못했겠죠.

제가 젊은 선수들에게 다음과 같은 연설을 한 적이 있습니다. "벤 호건 씨나 바이런 넬슨, 지미 디마렛, 잭 니클라우스, 아널드 파머와 같은 선수들을 뵙게 된다면 무조건 그들에게 감사해야 합니다. 그분들은 여러분이 골프를 할 수 있도록 길을 닦아 오신 분들입니다" 라고요. 우리는 세계에서 가장 깨끗한 스포츠를 해왔어요. 돈을 벌 수 있다는 생각으로 골프를 하지 않았죠. 골프를 사랑해서 했던 거죠.

벤 호건

오히려 돈을 벌 수 없었죠. 저는 골프 대회에서 한 푼도 벌지 못했습니다. 제가 골프 대회에서 49번 우승을 했지만, 토너먼트 상금으로는 한 푼도 못 벌었어요. 오히려 US오픈을 치르고 나면 20~25번의 친선경기를 잡아서 그걸로 1년 생활비를 마련해야 했습니다. 제가 생계를 유지할 수 있는 유일한 방법이었어요.

그리고 말씀하신 대로 저보다 앞선 세대의 선수들, 예를 들어 하겐, 존스, 사라센, 크뤽생크, 아머 같은 선수들이 저를 위해 이 길을 열어주었어요. 그들이 없었다면 골프 대회도 없었겠죠.

켄 벤투리

그리고 당신은 그 길을 후세대에 열어주고 계시고요.

이어서, 가장 좋아하는 골프 코스를 몇 개 꼽아주세요. 만약 오늘 다시 골프를 할 기회가 주어진다면 어떤 코스를 선택하시겠어요?

벤 호건

음, 저는 언제나 팜 비치에 있는 세미놀 골프장을 좋아했어요. 총 6,200미터 정도밖에 안 되지만, 매우 훌륭한 구장이에요. 특히 바람이 매일 바뀌어 상당히 변

별력 있는 골프장이에요. 모든 것이 눈에 직접 보이기에 블라인드 샷이 없습니다. 저는 레이더에 의존해서는 공을 칠 수 없어요. 그린이든, 무엇이든 눈에 보여야 하죠.

올해 US오픈이 열리는 오크몬트도 굉장히 훌륭한 코스입니다. 반면 오클랜드 힐스는 좋은 경기장이었는데 건축가가 와서 망쳤죠. 그래도 다시 복구했으니 예전처럼 좋아지리라고 확신합니다. 샌프란시스코에 위치한 올림픽 클럽과 레이크 코스는 제가 경험한 경기장 중에서 가장 어려운 경기장이었지만, 동시에 상당히 훌륭한 구장이었습니다. 공정한 코스이기도 했어요. 앞서 말씀드린 세 경기장은 모두 US오픈이 개최된 경기장입니다.

이 외에도 훌륭한 코스들이 많습니다. 제가 보거나 경험하지 못한 경기장이 수없이 많아요. 하지만 제가 선수 생활을 하던 시절에는 말씀드렸던 네 경기장이 최고의 코스라고 생각합니다.

가끔은 다시 예전으로 돌아가 골프를 치고 싶다는 생각도 드는데요. 이제는 말씀드렸다시피 지금 제 실력은 남에게 보여줄 수 있는 정도가 아니에요. 특히 그린에서는요.

켄 벤투리

누구나 경기에 뛰어드는 방법은 알고 있습니다. 하지만 진정한 실력자라면 언제 물러나야 할지를 아는 법이죠. 그리고 당신은 골프 경기뿐만 아니라 골프 산업과 후배들을 위해 기여하는 방식에서도 그 지혜를 보여주셨습니다. 오늘 이렇게 만나서 이야기를 나눌 수 있어 정말 기쁩니다.

마지막으로 드리고 싶은 말씀은, 그리고 아마 당신을 만난 모든 사람이 공감할 텐데요. 당신과 함께 경기할 수 있었던 것은 제게 큰 특권이었고 당신을 알게 된 것은 크나큰 영광이었습니다.

벤 호건

저야말로 당신과 인연을 맺고 함께 경기할 수 있어서 영광이었습니다.

켄 벤투리

감사합니다.

1983년 5월 12일

CBS 스포츠

전설의 골퍼가 남긴 위대한 레슨 5
벤 호건 골프의 기본

벤 호건의 진정한 비밀 :
신비로움
BEN HOGAN'S REAL SECRET:
A MYSTIQUE

데이브 앤더슨은 레드 스미스와 마찬가지로 〈뉴욕타임스〉에서 오랫동안 스포츠 칼럼니스트로 활동한 인물이며, 퓰리처상을 수상한 저널리스트이자 명예의 전당에 등재된 수많은 운동선수와 가까운 관계를 유지한 작가다. 아널드 파머와 잭 니클라우스, 톰 왓슨은 수십 년 동안 그를 매년 수차례씩 만났는데, 인사를 나눌 때마다 호칭 없이 이름을 부르며 가깝게 지냈다. 유명한 골프 코스 설계자들, 미국골프협회 회장들, PGA 투어 협회장들과도 마찬가지였다. 데이브는 훌륭한 인품과 사실 전달에 충실한 작문 스타일을 갖춘 전설적인 인물이었다. 그는 골프와 관련된 모든 것을 사랑했다. 골프를 직접 치는 것 그리고 골프를 취재하는 것까지도 말이다. 한 번은 잭 니클라우스가 자신의 뮤어필드 빌리지 코스에서 데이브가 예상 외로 멋진 티샷을 날리는 것을 보고 이렇게 말했다. "이 친구, 글만 잘 쓰는 게 아니었어. 골프도 잘 치는군."

데이브는 1928년생으로 아널드 파머보다 한 해 먼저 태어났다. 그는 벤 호건이 전성기에 접어들 무렵인 제2차 세계대전 직후부터 1960년 이후까지 골프에 깊이 빠져 들었다. 당시 〈뉴욕타임스〉에는 전설적인 스포츠 스타가 세상을 떠나면 기자들

HISTORY, CONTEXT, AND LEGACY
벤 호건의 발자취와 유산

이 사망 후 하루나 이틀 내에 그에 대한 추모 기사를 작성하는 오랜 전통이 있었다. 레드 스미스의 추모 기사들은 《떠나간 이들을 기리며(To Absent Friends)》라는 책으로 엮어서 출간되었으며, 데이브 앤더슨은 그 책의 서문을 작성했다. 이제 데이브 앤더슨이 벤 호건을 추모하며 작성한 헌사이자 부고 칼럼을 소개한다. 이 글은 벤 호건이 세상을 떠난 지 이틀 뒤에 〈뉴욕타임스〉에 실렸다.

벤 호건이 자신의 스윙 비법을 공개한다면 아마도 이렇게 말했을 것이다. "비밀은 잔디에 있습니다." 연습장에서 끊임없이 잔디를 밟아가며 공을 쳤다는 의미다. 그럼에도 불구하고 그는 마치 골프계의 달라이 라마처럼 많은 프로 선수가 그의 포트워스 사무실을 찾아가 스윙의 비밀에 대해 물을 정도의 존재였다. 꼭 스윙이 아니더라도, 어떤 비밀이든 듣고 싶은 마음에서였다.

한 프로 선수가 그에게 말했다. "롱 퍼팅이 잘 안 됩니다."

마스터스 대회에서 두 홀을 연달아서 깃대를 맞춘 적이 있는 호건은 이렇게 대답했다. "아이언 샷을 핀에 더 붙여보세요."

그리고 금요일, 윌리엄 벤자민 호건이 84세의 나이로 세상을 떠나며 그의 '비밀'도 함께 잠들었다.

어쩌면 이는 그가 원하던 방식이었을 것이다. 왜냐하면 그것이야말로 그의 진짜 비밀인 이중적인 신비로움을 잘 보여주었기 때문이다. 그는 골퍼로서는 평평한 흰색 린넨 모자 아래로 번뜩이는 총기 어린 눈빛을 보였으며, 사업가로서는 자신의 이름을 건 골프 클럽을 지키는 아우라를 뿜냈다.

나이를 막론하고 프로 선수들에게 그는 언제나 '미스터 호건'이었다. 이러한 존경심은 그의 골프 실력과 그가 설계한 골프 클럽의 품질 때문이었다.

샘 스니드는 종종 이렇게 말했다. "벤이 경기장에서 하는 말이라고는 '티샷 잘 치세요' 또는 '당신 차례입니다'밖에 없었습니다."

호건은 흔히 '토너먼트 경기를 위한 골프'라고 부르던 진지한 골프에서는 일반 골프와는 달리 완전한 집중의 세계 안에서 플레이했다. 신장 173cm, 체중 63kg의 체격인 그는 '작은 벤(Bantam Ben)'으로 불렸으나 1940년대와 1950년대 초반의 골프계에서 그는 거인이었다. '파워 페이드 샷'을 창조했으며 마치 핵물리학자처럼 공을 어떻게 쳐야 하는지 철저하게 분석했다.

벤 크렌쇼가 바람이 많이 불 때 5번 아이언을 어떻게 쳐야 하는지 묻자 그는 질문을 듣지 못한 듯 한참 동안 말이 없었다.

마침내 입을 뗀 그는 이렇게 대답했다. "나는 클럽 페이스의 두 번째 그루브에 공을 맞추려고 노력한다네."

1953년 카누스티에서 열린 브리티시오픈에서 우승한 호건에게 스코틀랜드 사람들은 '작은 아이스맨(Wee Icemon)'이라는 별명을 붙여주었다. 그들은 아직도 호건이 아무도 시도하지 않았던 방식으로 490야드의 6번 홀을 공략한 일에 대해 이야기한다.

그는 네 번의 라운드 내내 티샷을 왼쪽으로 보내 페어웨이 벙커와 OB 라인 사이의 좁은 길목에 안착시켰다.

"그린을 공략하기에 최적의 위치였거든요." 그는 이렇게 설명했다.

호건은 감히 그 누구도 펼치지 못한 플레이를 선보였다. 게리 플레이어가 백스윙 탑에서 손의 위치에 대해 조언을 구했을 때, 그 누구도 이 남아공 선수에게 퉁명스럽게 말하지 못했지만 오직 호건만이 이렇게 말했다.

"지금 어떤 클럽을 쓰고 있지?"

"던롭입니다." 게리 플레이어가 대답했다.

"그러면 던롭 씨에게 물어보게."

HISTORY, CONTEXT, AND LEGACY
벤 호건의 발자취와 유산

잭 니클라우스와 바비 존스가 각자의 시대를 지배했던 것처럼, 호건의 동시대 선수들은 그를 역대 최고의 선수로 손꼽는다.

토미 볼트는 이런 말을 남겼다. "저는 니클라우스가 호건의 연습을 지켜보는 장면은 봤어도, 반대로 호건이 니클라우스의 연습을 관찰하는 것은 본 적이 없어요."

호건은 같은 해에 마스터스와 US오픈과 브리티시오픈을 모두 석권한 유일한 선수다. 1953년의 일이다. 통산 63개의 PGA 투어 대회에서 우승했으며, 그중 메이저 대회 9승을 기록했다. 마스터스 2회, US오픈 4회(역대 공동 최다 기록), 단 한 번 도전하여 우승까지 거머쥔 브리티시오픈 1회 그리고 2회의 PGA 챔피언십 우승이다.

그러나 1940년대 전성기 시절의 그는 20차례 이상 메이저 대회에 출전할 기회를 놓쳤다. 제2차 세계대전 당시 미 육군 항공대에서 복무하며 많은 대회에 나서지 못했기 때문이다. 그리고 1949년 초에는 안개가 자욱한 텍사스 고속도로에서 트럭을 추월하려던 버스와 정면 충돌하는 사고를 당해 목숨이 위태로운 상황에 처했다.

하지만 16개월 뒤인 1950년, 메리언에서 열린 US오픈에서 그는 두 번째 우승을 차지했다.

그는 훗날 다음과 같이 말했다. "메리언에서 열린 대회가 가장 뜻깊습니다. 내가 아직도 우승할 수 있다는 사실을 증명했기 때문이에요."

그는 매사에 완벽을 추구했다. US오픈을 앞두고 수십 개의 공이 배달되면 돋보기를 들고 하나씩 직접 검수했다. 그리고는 "몇몇 공은 딤플에 페인트가 너무 많이 묻었네요"라고 말했다.

시니어 PGA 투어가 출범했을 당시에도 그는 종종 포트워스의 셰이디 오크스에서 골프를 쳤다.

194

하지만 절대 시니어 투어는 참가하지 않았다. 최고의 모습으로 경쟁할 수 없다면 아예 경쟁하지 않겠다는 신념이었다.

그는 이렇게 말했다. "나는 오직 내가 스스로 정한 기준에 따라 판단합니다."

그가 세운 기준이 신비로움을 만들어냈고, 그 신비로움이 곧 벤 호건이라는 인물을 완성했다.

1997년 7월 27일 〈뉴욕타임스〉 수록

데이브 앤더슨

벤 호건 골프의 기본(개정증보판)
전설의 골퍼가 남긴 위대한 레슨 5

제1판 1쇄 발행 | 2025년 5월 30일
제1판 24쇄 발행 | 2025년 11월 3일

지은이 | 벤 호건·허버트 워런 윈드
그린이 | 앤서니 라비엘리
옮긴이 | 김일민
펴낸이 | 하영춘
펴낸곳 | 한국경제신문 한경BP
출판본부장 | 이선정
편집주간 | 김동욱
책임편집 | 최승헌
저작권 | 백상아
홍보마케팅 | 김규형·서은실·이여진·박도현
디자인 | 이승욱·권석중
본문디자인 | 디자인 현

주 소 | 서울특별시 중구 청파로 463
기획편집부 | 02-360-4556, 4584
홍보마케팅부 | 02-360-4595, 4562   FAX | 02-360-4837
H | http://bp.hankyung.com   E | bp@hankyung.com
F | www.facebook.com/hankyungbp
등 록 | 제 2-315(1967. 5. 15)

ISBN 978-89-475-0161-3 13690

책값은 뒤표지에 있습니다.
잘못 만들어진 책은 구입처에서 바꿔드립니다.